黎族是中国古老民族之一，海南岛的原住居民，自远古以来就在这片热土繁衍生息，开垦与建设祖国南疆，守护国土。《山海经》称黎族先民为“儋耳”。西汉以“骆越”，东汉以“里”“蛮”，隋唐以“俚”“僚”等统称中国南方少数民族。“黎族”称谓始于唐末，宋代固定并沿用至今。

走近中国少数民族丛书

主　编/丹珠昂奔

黎　族

Lizu

罗文雄 著

辽宁民族出版社

图书在版编目（CIP）数据

黎族 / 罗文雄著. —沈阳：辽宁民族出版社，2014. 12
（走近中国少数民族丛书 / 丹珠昂奔主编）
ISBN 978-7-5497-0947-2

Ⅰ. ①黎… Ⅱ. ①罗… Ⅲ. ①黎族—民族历史—中国 ②黎族—民族文化—中国 Ⅳ. ①K288.1

中国版本图书馆CIP数据核字（2014）第310769号

走近中国少数民族丛书·黎族
ZOUJIN ZHONGGUO SHAOSHUMINZU CONGSHU·LIZU

丛书策划 / 李凤山

出版发行者：辽宁民族出版社
地　　址：沈阳市和平区十一纬路25号　邮编：110003
印 刷 者：沈阳新华印刷厂
幅面尺寸：170mm×240mm
印　　张：12
字　　数：170千字
出版时间：2015年8月第1版
印刷时间：2015年8月第1次印刷
责任编辑：李凤山　吴昕阳　金顺玉
封面设计：杜　江
责任印制：杨　雪
责任校对：边京爱　林　华

标准书号：ISBN 978-7-5497-0947-2
定　　价：38.00元

法律顾问：陈　光

网　　址：www.lnmzcbs.com
举报电话：024-23284336
邮购电话：024-23284335
联系电话：024-23284340
淘宝网店：lnmz2013.taobao.com

《走近中国少数民族丛书》编辑委员会

《走近中国少数民族丛书》作者名录

《蒙古族》 萨仁图娅（蒙古族）
《回族》 许宪隆（回族） 张龙（汉族）
《藏族》 丹珠昂奔（藏族）
《维吾尔族》 艾克拜尔·吾拉木（维吾尔族）
买力克·买买提（维吾尔族）
伊利迪尔（维吾尔族）
《苗族》 石莉芸（苗族） 李云兵（苗族）
《彝族》 陈国光（彝族）
《壮族》 黄佩华（壮族）
《布依族》 周国炎（布依族）
《朝鲜族》 黄有福（朝鲜族）
《满族》 于今（满族）
《侗族》 杨筑慧（侗族）
《瑶族》 玉时阶（壮族）
《白族》 董建中（白族）
《土家族》 罗中（土家族） 罗午（土家族）
《哈尼族》 朱志民（哈尼族） 李泽然（哈尼族）
《哈萨克族》 艾克拜尔·米吉提（哈萨克族）
伊拉达·拉音别克（哈萨克族）
《傣族》 赵瑛（傣族）
《黎族》 罗文雄（黎族）
《傈僳族》 鲁建彪（傈僳族） 欧光明（傈僳族）
《佤族》 郭锐（佤族）
《畲族》 钟亮（畲族）
《台湾少数民族》 林华（台湾少数民族）
《拉祜族》 苏翠薇（拉祜族）
《水族》 韦学纯（水族）
《东乡族》 马兆熙（东乡族） 马自祥（东乡族）
《纳西族》 白庚胜（纳西族） 孙淑玲（汉族）
白羲（纳西族）
《景颇族》 金黎燕（景颇族）
《柯尔克孜族》 阿地里·居玛吐尔地（柯尔克孜族）
《土族》 祁进玉（土族） 东永学（土族）
《达斡尔族》 毅松（达斡尔族）
《仫佬族》 黎学锐（仫佬族） 黎炼（仫佬族）
《羌族》 雍继荣（羌族） 罗吉华（羌族）
周发成（羌族）
《布朗族》 陶玉明（布朗族）
《撒拉族》 马成俊（撒拉族） 马建新（撒拉族）
《毛南族》 韩德明（汉族）
《仡佬族》 周小艺（仡佬族）
《锡伯族》 阿苏（锡伯族） 盛丰田（锡伯族）
何荣伟（锡伯族）
《阿昌族》 们发延（阿昌族） 张斯齐（蒙古族）
《普米族》 朱凌飞（汉族） 杨周明（普米族）
《塔吉克族》 西仁·库尔班（塔吉克族）
阿力木江·西仁（塔吉克族）
《怒族》 李月英（傈僳族） 张芮婕（傈僳族）
《乌孜别克族》 吾尔买提江·阿布都热合曼（乌孜别克族）
《俄罗斯族》 乃珂热曼·依布拉音（塔吉克族）
《鄂温克族》 黄任远（汉族） 那晓波（鄂温克族）
《德昂族》 袁丽华（汉族） 王燕（汉族）
《保安族》 马少青（保安族）
《裕固族》 董潇红（裕固族） 王政德（藏族）
《京族》 吕俊彪（汉族）
《塔塔尔族》 卡米力·库尔马尤夫（塔塔尔族）
《独龙族》 李金明（独龙族）
《鄂伦春族》 王为华（汉族）
《赫哲族》 黄任远（汉族）
《门巴族》 陈立明（汉族） 张媛（汉族）
《珞巴族》 陈立明（汉族） 李锦萍（汉族）
《基诺族》 朱映占（汉族）

总序

中国是一个统一的多民族国家，几千年来，有着悠久历史和灿烂文化的少数民族，与汉族一道，在中华大地上繁衍生息，共同开发着这块土地，建设、发展、捍卫着这个古老而伟大的国家。各民族都是兄弟，相互离不开，都是这个国家的主人。习近平总书记在第二次中央新疆工作座谈会上发表重要讲话，指出："要坚定不移坚持党的民族政策、坚持民族区域自治制度。民族团结是各族人民的生命线。要高举各民族大团结的旗帜，在各民族中牢固树立国家意识、公民意识、中华民族共同体意识，最大限度团结依靠各族群众，使每个民族、每个公民都为实现中华民族伟大复兴的中国梦贡献力量，共享祖国繁荣发展的成果。各民族要相互了解、相互尊重、相互包容、相互欣赏、相互学习、相互帮助，像石榴籽那样紧紧抱在一起。要在各族群众中牢固树立正确的祖国观、民族观，弘扬社会主义核心价值体系和社会主义核心价值观，增强各族群众对伟大祖国的认同、对中华民族的认同、对中华文化的认同、对中国特色社会主义道路的认同。"因此，坚持平等、团结、互助、和谐的社会主义民族关系，不断增进了解、紧密关系，深化友谊、建立牢不可破的感情基础，是中国社会转型期、改革攻坚期、矛盾多发期保持社会稳定、发展的基本要求，也是实现中华民族伟大复兴的中国梦的基本要求。

为了进一步宣传我国少数民族的历史文化和民族风情，增强对少数民族的认识，宣传党的民族政策和方针，加强各民族之间的了解与沟通，让读者了解少数民族文化，加深对我党民族政策的理解，中华人民共和国国家民族事务委员会文化宣传司和辽宁民族出版社共同策划了《走近中国少数民族丛书》。

依据上述原则，《走近中国少数民族丛书》的编写有以下三个特点：第一，采用图文并茂的形式、鲜活生动的语言、特色浓郁的图片以及丰富的民族常识链接，向读者展示我国55个少数民族的历史渊源、民族变迁、社会生活、文化艺术、风俗习惯、历史人物和民族区域自治政策的伟大实践。第二，作者多为本民族专家学者和与民族研究工作相关的专家学者，对自己撰述的对象既有深厚知识积累，也有真挚情感。第三，内容彰显了历史与现实、民族文化与地域文化、民族区域自治地方与散杂居地区少数民族生产生活的多彩画卷和轨迹，引导读者走近少数民族，聆听他们的古老传说，感受他们的发展变化，加深彼此的沟通和了解。这套《走近中国少数民族丛书》是面向民族干部和各级干部通览我国少数民族概况的普及读本，也是图书馆必备藏书。

《走近中国少数民族丛书》所揭示的每一个民族的历史，都承载着这个民族的文化，也承载着这个民族的发展和未来。中华大地孕育的55个少数民族多彩斑斓的民族文化，同汉族文化一道从远古走到今天，汇入了中华文化壮阔的历史长河。“共同团结奋斗，共同繁荣发展”，保护、传承和弘扬少数民族优秀文化，不仅是推动我国民族团结进步事业的重要内容，也是构建和谐社会、实现中华民族伟大复兴的中国梦的重要使命。期待通过《走近中国少数民族丛书》，使广大读者徜徉于少数民族多彩风情的同时，更加深刻地了解和认知中华民族多元一体的文化内涵，感受中华民族悠悠历史的深远与厚重。

丹珠昂奔

2014年6月26日

前言

黎族 守护祖国南疆的民族

黎族是中国古老民族之一，海南岛的原住居民，自远古以来就在这片热土繁衍生息，开垦与建设祖国南疆，守护国土。《山海经》称黎族先民为“儋耳”。西汉以“骆越”，东汉以“里”“蛮”，隋唐以“俚”“僚”等统称中国南方少数民族。“黎族”称谓始于唐末，宋代固定并沿用至今。黎族因语言、服饰、文身、居住地区等差异，其内部分“哈”“杞”“润”“赛”和“美孚”等5个方言，在对外交往时都自称为“赛”。黎语属汉藏语系壮侗语族黎语支。

黎族聚居在海南省的三亚市、五指山市、东方市、乐东黎族自治县、昌江黎族自治县、白沙黎族自治县、琼中黎族苗族自治县、保亭黎族苗族自治县和陵水黎族自治县等9个市县，小部分散居在儋州、万宁、琼海、屯昌等市县。黎族人口147.14万人（2010年），占海南省总人口的15.83%。

海南岛地处热带地区，自然资源十分丰富，环境独特，造就了独具特色的黎族传统文化。

公元前110年，汉武帝在海南岛设置珠厓、儋耳二郡，黎族开始与南迁的汉族往来，掌握先进的农耕技术，生产力得到发展，原始社会开始瓦解。

从汉代至南北朝，历代王朝在海南岛的统治不稳定。6世纪末，南方俚人领袖冼夫人所统辖之地归顺隋朝，并在海南岛设置3郡10县。汉族移民不断迁入，对开发海南岛和促进黎族社会的发展起到了积极作用。

唐代加强对海南岛的开发和统治，设立琼、崖、万安、儋、振5州22县，将海南岛纳入了州县的管辖范围。

五代以后，大批汉人迁入海南岛，主要居住在沿海地区，与黎族杂居。邻近汉族地区的黎族以水稻、苎麻等物品与汉族互市，改变了自汉至唐代社会发展缓慢的局面。黎族的黎锦、黎单、黎幕等精美的纺织品畅销内地，备受人们的青睐。宋末元初，杰出女棉纺织革新家黄道婆迁居海南岛水南村，跟黎族妇女学习棉纺织技术，回松江府乌泥泾（今上海徐汇区华泾镇）后，对黎族纺织工艺进行传播，并对纺织工具加以改进，创造出一套先进的棉纺织技术，为我国棉纺织业的发展做出了积极贡献。

宋元时期，统治者加强对黎族的统治和掠夺，黎族被迫退居五指山地区，把“汉在北，黎在南”的分布状况变为“汉在外围，黎在腹地”的格局。

明清时期，封建经济在黎族社会中占据主要地位，部分黎族地区的生产力与当地汉族相近，黎汉人民在经济、文化方面的交流和联系进一步密切，社会得到较快发展。

黎族社会存在着地区发展不平衡，离沿海地区越远发展越缓慢，形成了黎族社会发展的多样性、复杂性和不均衡性。新中国成立前，在五指山腹地仍保留着集体劳动、产品平均分配的生产方式和社会政治组织——合亩制。

中华人民共和国成立后，黎族地区社会与经济生活发生了翻天覆地的变化，黎族人民在中国共产党的领导下，创造出丰富多彩的民族文化，涌现了一批批为祖国建设做出贡献的优秀人才。

目录

总序 …… 001

前言 …… 003

第一章　最早开发与建设海南岛的民族——黎族 …… 011

族称与分布 …… 012

族源 …… 015

人口与分布 …… 019

第二章　独特的社会组织与生产方式 …… 021

氏族制度 …… 022

峒组织 …… 024

合亩制 …… 026

火耕农业与水田农业 …… 029

采集与渔猎 …… 032

第三章　热带海岛民族风俗 …… 035

服饰 …… 036

饮食 …… 042

民居 …… 043

交通与信传 …… 045

节庆习俗 …… 046

禁忌习俗 …… 051

第四章　人生礼仪 …… 057
诞生礼仪 …… 058
成年礼 …… 058
婚姻 …… 059
丧葬 …… 067

第五章　衣被天下——织锦文化 …… 071
黎锦概述 …… 072
纺织原料——麻纤维与棉花 …… 074
纺织工艺流程 …… 077
织锦图案艺术特点 …… 087
织锦图案艺术风格 …… 090

第六章　肌肤上的敦煌壁画——文身文化 …… 093
文身习俗概述 …… 094
各方言图案与解读 …… 096
文身文化内涵 …… 104

第七章　独具特色的民间艺术 …… 107
无纺布制作工艺 …… 108
制陶工艺 …… 113
编织与雕刻 …… 115
剪纸工艺 …… 116
音乐与舞蹈 …… 117

第八章　古朴多彩的原始宗教信仰 …… 121
图腾崇拜 …… 122
自然崇拜 …… 123
祖先崇拜 …… 123
宗教行为与活动 …… 124

第九章　丰富多彩的黎族文学 …… 127
神话与传说 …… 128
民间故事 …… 130
谚语和谜语 …… 131
作家文学 …… 133

第十章　欣欣向荣的民族区域自治 …… 137
三亚市 …… 138
五指山市 …… 141
东方市 …… 145
乐东黎族自治县 …… 147
昌江黎族自治县 …… 149
保亭黎族苗族自治县 …… 153
白沙黎族自治县 …… 156
陵水黎族自治县 …… 158
琼中黎族苗族自治县 …… 161

第十一章　人才辈出——名人轶事 165
黎族革命先驱者 166
黎族人民的好干部 171
黎族专家学者 174
黎族各种技艺传承人 177
黎族文学艺术家 180
参考文献 185
后记 186

第一章
最早开发与建设海南岛的民族——黎族

黎族是我国南方古老民族之一，数千年以来世代居住在祖国南疆——海南岛，对海南岛的开垦、建设和保卫疆土做出不可磨灭的贡献，并创造出许多优秀传统文化。

族称与分布

族称

黎族自称为“赛”（黎语音译），这是固有的族称。而他称为“黎”，这是汉民族对黎族的称呼，其他民族也沿用这个称谓，这个称谓有一个演变发展过程。在周秦时期我国古籍已经有关于黎族先民的一些记载，《礼记·王制》卷12记载“南方曰蛮、雕题、交趾”，黎族先民称为“雕题”；而《山海经·海内南经》卷5有“雕题国”的记载。汉代以后，黎族先民的称谓又进一步演变，《后汉书·南蛮列传》卷86记载：“建武十二年（公元36），九真徼外蛮里张游，率种人慕化内属，封为归汉里君。”当时“蛮”“里”并称黎族先民。三国吴人万震《南州异物志》有“广州南有贼曰俚，此贼在广州之南，苍梧、郁林、合浦、宁浦、高凉五郡中央，地主数千里”。此时“里”字变为“俚”字，并对黎族先民分布做了明确的描述。南朝时，“俚”字作为黎族的族称出现在文献上较为频繁，常常是“俚僚”“夷僚”并称，一直沿用到唐代末期，开始出现“黎”字来称呼黎族先民。

▲

文明英、文京编写的黎语教材

知识链接 **黎语与黎文** 黎族是一个有语言无自己创造文字的民族，其语言属汉藏语系壮侗语族黎语支，文化以言传身教的方式传承至今。1956年6月，中国社会科学院少数民族语言研究所与中央民族学院（今中央民族大学）、中南民族学院、广东省海南特别行政区民族事务委员会等职能部门在国务院的指示下，开展对海南岛9个黎族聚居的市县的语言进行调查研究。1957年2月以乐东黎族自治县抱由镇保定村的语音为标准音，颁布了以俸（今哈）方言为基础、拉丁字母为元素的《黎文方案（草案）》。1984年9月，为了使黎文符合语音实际，中央民族大学黎语教学小组、中国社会科学院民族研究所黎语调查研究小组首次对《黎文方案（草案）》进行修改。2005年9月，再次对《黎文方案（草案）》进行修改。目前，黎文共有声母33个，韵母99个，声调符号5个，其中，重叠字母符号声调3个。但这种文字没有推广与应用，停留在学术研究的阶段。

唐末刘恂《岭珍录异》记载，“儋、振夷黎，海畔采贝（紫贝）以为货”；《新唐书》卷179记载，“朱崖黎民三世保险不宾，佑讨平之”。《岭珍录异》成书于9世纪初，《新唐书》是宋人欧阳修等撰写，因此，“黎”这一称谓是以《岭珍录异》为最早的记载。但“黎”作为黎族专门族称是在宋初以后才固定，并沿用至今。宋代乐史《太平寰宇记》、范成大《桂海虞衡志》、周去非《岭外代答》、赵汝适《诸蕃志》等著作都以“黎”字称海南黎族，这对后世影响深远。

分布

黎族内部因语言、文身、居住地域、服饰等差异而有不同的称呼，分为“哈”（旧文献表述“侾”字，读音为国际音标［ha］，2000年开始用“哈”字来表述）、“杞”（旧文献表述“岐”）、“美孚”“润”（旧文献表述“本地黎”，土著民族之意）、“赛”（旧文献表述“德透黎”或“加茂黎”）五种称呼（方言），这既是自称也是他称。黎族各方言有各自的聚居区域，主要分布如下。

哈方言罗活人

哈方言　在黎族五大方言中人口最多、分布地区最广，如今主要分布在海南省乐东黎族自治县、三亚市、陵水黎族自治县、昌江黎族自治县、白沙黎族自治县、东方市等县市，少量分布在保亭黎族苗族自治县响水镇、五指山市南圣镇与番阳镇、儋州市南丰镇与雅星镇等。这个方言内部又有不同的自称，又分为哈应、罗活、抱由、抱曼、抱怀、只贡、志强、哈恨、哈日、尼下（德霞）、否现、抱环等12个分支，他们的主要差别是在语言、服饰、文身三方面，语言基本相通，差别主要在语调上。这个方言居住在沿海、沿江的平原地带与汉族杂居或相邻，受汉文化影响较深，文化水平较高。

杞方言人

杞方言　这个方言的人口仅次于哈方言，分布地区较广，主要聚居在海南省保亭黎族苗族自治县、琼中黎族苗族自治县和五指山市等县市，少数分布在乐东黎族

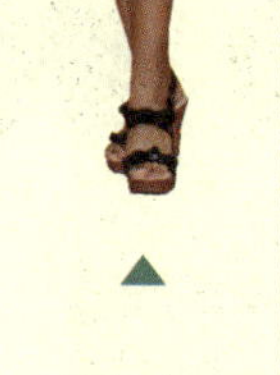
润方言人

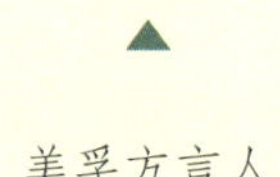
美孚方言人

赛方言人

自治县千家镇与志仲镇、昌江黎族自治县王下乡、白沙黎族自治县元门乡、陵水黎族自治县本号镇等地区。杞黎因居住地域不同，其语言上基本相同，但他们的文化特征各地表现出明显的差异。居住在五指山地区的黎族到20世纪50年代初期仍保留“合亩制”社会制度（具有原始社会性质的制度）。

润方言 分布在白沙黎族自治县的南开、元门、白沙（原牙叉镇）、细水、打安等乡镇。使用该方言的黎族擅长造型艺术，男子擅长骨雕与木雕技艺，妇女擅长刺绣技艺，代表性作品有妇女骨簪、骨梳、纺织工具、双面绣等，内部方言有白沙、南开、元门等分支。妇女有文身习俗，属全身型文身。

美孚方言 分布在海南省东方市大田镇、东河镇、江边乡，昌江黎族自治县七叉镇、石碌镇、十月田镇、乌烈镇等。其语言、服饰、生活习俗等比较统一，地区性差别不大，男女有文身的习俗，男子文右手臂，而女子全身型文身，纹样十分复杂。妇女擅长织锦与扎染（绑染）技艺，妇女盛装时头戴银质或铜质头簪，耳带金属耳环等装饰品。

赛方言 主要聚居在海南省保亭黎族苗族自治县加茂镇、六弓乡以及三亚市、陵水黎族自治县的交界地区，是黎族五大方言中人口最少的方言。该方言人群汉化程度较深，男子服饰基本消失，改穿汉装；妇女下身着长筒裙，上身穿右衽上衣。

黎族内部在语言、服饰、文身等方面存在一些差异，但作为一个民族共同体所表现出来的文化特质是统一的，稳定的，各方言之间虽有差别，但相互之间交流是没有障碍的，其婚姻、饮食、居住、宗教信仰等习俗基本是大同小异。

族源

自远古以来，勤劳勇敢的黎族人民就已居住在海南岛，建设海岛并创造了丰富多彩和光辉灿烂的民族文化。

黎族族源是一个热门和备受社会各界关注的焦点问题。据史籍记载、考古学资料与相关专家学者论证，对黎族族源进行概说，一是黎族源于古越族的一个分支——骆越发展而来的，大多数专家学者持有这个观点；二是一部分黎族先民是海南岛的原住民族，约7000年前就在海南岛生产生活。

考古发现

1992—1993年，我国考古界在海南省三亚市荔枝沟镇先后两次考古挖掘旧石器时代——落笔峒文化遗址，发现人类（智人）牙齿化石，命名为“三亚人”，同时伴随出土的磨制穿孔石、骨器与大陆华南沿海地区同时代的文化遗存颇为相同，也就表明其时期海南岛与内地已有文化联系。该遗址发现的文化遗物说明早在1万年前海南岛已有人类居住与活动，从古至今落笔峒居住的都是黎族同胞，说明与黎族先民有渊源关系。

落笔峒文化遗址

知识链接 **20世纪50年代的两次考古** 1954年，中南民族学院与广东省各级文化职能部门组织队伍在海南岛进行调查工作，先后在今黎族聚居的海南省东方市、乐东黎族自治县、白沙黎族自治县、琼中黎族自治县、保亭黎族苗族自治县等5县市收集到87件石器，其中有石斧（51件）、宽刃石斧（21件）、石铲、石锛、石凿、石锄、穿孔石纺轮、石拍等，所出土地区以昌化江流域为最多，次为南溪河、万泉河、望楼溪等地。

1957年，广东省文化局工作队与中山大学历史系合作，赴海南地区进行文物普查，发现新石器时代中、晚期文化遗址135处，其中在今黎族聚居的琼中黎族苗族自治县、白沙黎族自治县、东方市、乐东黎族自治县、保亭黎族苗族自治县、海南黎族苗族自治州通什镇（今五指山市）等地区有57处。这些遗址，大多坐落于河流两旁的山冈或台地上，一部分在沿海的沙丘上。出土的器物有石器和陶器。

石拍

海南各地文化遗址出土的器物如石器方面有斧、锛、凿、锄、铲等；陶器有陶纺轮、陶片等，铜器有铜鼓、铜釜、铜锣、蛙锣等；从其所表现的文化性质考察，它与我国广东、广西沿海地区发现的器物同属一个文化类型，特别与广西钦州地区、广东湛江地区（包括雷州半岛）发现的原始文化遗存极为相似。可见，黎族先民与古越族的一支骆越在文化上有着密切的关系。

从出土遗物所表现的特征，看出当时黎族先民的经济、文化生活。出土石器中的斧、锛、铲、犁等，都是农业生产的工具，说明与广东大陆相同，当时人们的经济活动主要是农业生产，大批的石制和陶制的网坠的发现，说明沿海和海滨的居民，渔业是其重要生活资料来源。石矛、石戈的遗存，是早期人类从事狩猎的物证。

陶纺轮

从出土大量的陶器和石制、陶纺轮来看，说明当时妇女已掌握了陶制方法，广泛制造陶器，并从事纺织手工业生产。目前黎族还掌握泥片制陶法和泥条盘筑法。泥片制陶法根据研究断定，距今有7000多年的历史，在白沙黎族自治县、乐东黎族自治县、昌江黎族自治县、三亚市等地区的黎族还掌握这门手工技艺。

石铲

2006年6月，考古界在海南省昌江黎族自治县七叉镇混雅岭信冲洞文化遗址出土大量犀牛、大象等动物骨骼化石，经鉴定距今约40万年，这说明海南岛40万年前是与雷州半岛相连的，属越地也是不言而喻了。

铜鼓

在信冲洞文化遗址旁的旧石器文化遗址发现3件旧石器，经鉴定距今2万年，把人类在海南岛活动的历史前推2万年，此遗址周围从古至今居住黎族同胞，说明这些人类活动与黎族先民有密切关系，也说明部分黎族是海南岛的原住民族。

从民族学、民俗学上来看，古越人生活习俗的主要特点是断发文身、契臂为盟、住干栏房、食酸食物、善使舟船及水战、善铸铜器等。这些生活习俗黎族都有，有些生产生活习俗黎族保留相当完整，

蛙锣

▲
泥片制陶

如文身、住船形屋、吃腌酸鱼酸肉，使用铜锣、铜鼓等器物，因此说黎族是古越人的后裔。

史籍记述

从史料来看，《汉书》《通志》等历史书籍称海南等地为越地。《通志》卷5记载：汉武帝平定南越后，在越人故地开置九郡，儋耳、珠厓二郡在海南岛，自然属于越地管辖范围。

《汉书·贾捐之传》明确记载："骆越之人，父子同川而浴，相习以鼻饮……本不足郡县置也。颛颛独居一海之中，雾露气湿……又非独珠厓有珠、犀、玳瑁也。"文中"骆越"是指海南岛的黎族。《资治通鉴》卷28《汉记》胡三省注曰："余谓今安南之地，古之骆越也。珠厓，盖亦骆越地。"《史记·南越尉佗列传》引《广州记》：骆越在交趾。因而从地理位置上推断，骆越分布于越南北部及粤、桂与越交界地区及雷州半岛、海南岛等地。海南岛在西汉以前为骆越属地，其居民自然也是骆越人。

从语言学上看，黎语属于汉藏语系壮侗语族黎语支，与壮语、布依语、傣语、侗语、水语等有较密切的亲属关系。表现在语音、语法、词汇等方面都有共同的特征。黎语既然与壮侗语族的各民族语言的关系如此密切，可以推定黎族与壮族、布依族、傣族、侗族、水族等民族有着共同的族源，目前学术界公认这些民族都是古代越族的后裔，黎族源于古越族的一支也是自然之事。

妇女划独木舟

综上所述，黎族与壮侗语族各民族在族源方面有着密切的关系，其先民与广东、广西两地的古越人以及后来的俚人都有密切的关系。

人口与分布

海南省是位于中国最南端的省份，1988年4月成立，建省前隶属广东省，境内居住有黎、汉、苗、回4个世居民族，是个多民族省份。

根据《海南统计年鉴2011》统计，截至2010年末，黎族人口147.14万人，自古以来，他们在中国最大的热带海岛，辛勤劳作，繁衍生息，主要聚居在海南省的琼中、保亭、陵水、乐东、昌江、白沙等6个自治县和三亚市、东方市、五指山市，少部分散居万宁、儋州、琼海、屯昌等市县。黎族与各民族和睦相处，团结互助，共谋发展，为统一多民族国家的缔造，为中华民族的团结进步和繁荣发展做出了卓越的贡献。

第二章 独特的社会组织与生产方式

黎族经历过一个漫长的原始社会时期，至海南解放前（1950年解放），黎族大部分地区已进入封建社会，而其社会文化习俗，仍然保留母系氏族制度和父系制度一些特征。五指山腹地的黎族（今五指山市一带），当时还保留着带有原始社会父系家族制度的社会组织——合亩制。

氏族制度

黎族传统的社会组织，保留着氏族制度的特征，黎族母系氏族残留主要体现在婚姻关系、妇女在生产生活中的地位等方面。

黎族严格遵守同姓（黎族姓氏）同宗不婚配的习俗，实行宗族外婚，即不同血缘集团才能通婚。在沿海靠近汉族地区的黎族，受汉族封建文化影响较深，受宗法制的限制较多，社会成员间迁徙流动杂居，家族私有制已巩固，婚姻已冲破闭塞的氏族团体范围。但在中心“合亩制”地区和接近中心的大部分地区，家族与家族、村与村之间仍然保留着较多的血缘联系。

在母系氏族社会，妇女在生产活动中起着重要作用，备受人们的尊敬，这在合亩制地区主要表现为严格的男女自然分工，妇女们专门从事水田、“山栏”地的播种、点种工作，以及后期的管理、除草、看守、收割、储放、加工等一系列工作，男子负责砍山栏园工作；插秧、点种、收割时候，要由当“亩头”的妇女先做一种宗教性的仪式后，其他妇女才能开始工作。

山栏稻苗

收割山栏稻

知识链接 **山栏稻** 黎族种植在山上或坡地上的一种旱稻，每年只种植一造，分为普通山栏稻和山栏糯米稻两种。这是黎族在学会水田农业耕作技术以前，山栏稻是刀耕火种农业主要稻种之一，也是黎族主要粮食来源之一。普通山栏稻是村民一日三餐的粮食，而山栏糯米稻主要用来酿糯米酒和制作糍粑之用，至今还有少部分黎族地区种植山栏稻。

山栏稻

随着生产力的发展，黎族社会逐渐过渡到父系氏族社会。由于火耕农业和水田农业的不断发展，男子工作重心开始从捕鱼和狩猎活动转到农业耕作上来，同时，以牛踩田的水田耕作生产方式得到一定发展。妇女在生产活动中逐步退居到次要地位，男子开始代替妇女成为主要的农业生产者，促使黎族的原始社会进入以男子起着主导作用的父系氏族公社时期。

20世纪50年代初期，在今海南省五指山市毛道乡、番阳镇、毛阳镇一带地区还保留以父系家族的合亩制。合亩则由二户至数十户有血缘关系的家庭组成。一个合亩相当一个小父系氏族，在氏族内部，土地、耕牛、生产工具等共同使用，集体劳动，共同消费，成员之间有互相协助的义务，氏族内部人们过着平等的生活，私有财产也开始萌芽，贫富差别在氏族内部开始出现。在这些地区，黎族社会正处于一个以公有制为主，私有制同时并存的父系氏族公社末期的经济形态。

峒组织

峒，旧时对我国部分少数民族聚居地方的统称，解放前海南岛黎族一种独特的社会政治组织，至今海南省保亭黎族苗族自治县一带还保留峒以下的社会政治组织——弓。黎族峒组织，具有悠久的历史，我国文献早有记载。

唐代，《旧唐书·宪宗本纪上》卷14记载：

元和二年（807）四月，岭南节度使赵昌进琼管儋、振、万安六州六十二洞归降图。

这是关于明确记载黎族峒的史书，“峒”，通“洞”，黎语称“贡”，这也是唐王朝统治黎族地区的记载。

宋代，黎族社会组织称“峒”，以血缘关系为纽带建立的氏族制度，每一宗姓为一峒，全岛黎峒林立，但规模并不大。宋代黎峒有多少个，无明确文献记载，但可根据《诸蕃志·海南》卷下记载：“生黎所居，不啻数百峒”，崇宁年间（1102—1106）王祖道抚定黎人就达907峒，足见宋代黎峒之多。

当时，峒与峒之间，各自为政，互不相属，说明宋代黎族社会尚停留在较落后的阶段。宋代黎峒之间已开始出现一种松散政治联盟，产生有一定权威和影响力的首领，其中最著名的有制服海南诸黎峒36峒的都统领王二娘、五指山峒首领王仲期等。出现峒与峒之间的共同首领是黎族社会长期发展的必然结果，也是社会的一种进步，统治地区以血缘关系为纽带的部落开始向以地域为基础的部落联盟过渡。

元代，黎族的社会组织称“峒”或“村峒”，以血缘关系为基础组成的，峒内居民多为同姓。每峒的人数不等，有几十户也有上百户不等；每峒所占的地域大小不一，有的地域小，有的地域很大，据明嘉靖《广东通志》卷68记载：元时琼山黎有九峒，其中居野峒最大，“周回百二十里，草木蒙密不可入”。峒的领导者称“峒首”“峒主”“黎酋”。

明代，黎族社会组织为村峒，且村峒数量很多。据清顾炎武《天下郡国利病书病书·广东下》记载：明代海南岛12个州县中，共有黎峒1 260个，其中琼山126个、澄迈137个、临高239个、定安112个、文昌35个、乐会53个、澹州209个、昌化93个、万州93个、陵水30个、崖州92个、感恩41个。

清代，黎族地区建立的土官制度，主要是在黎族村峒设峒长、总管（黎总）、哨管、黎甲、黎长、黎首等职务。根据道光《琼州府志》及同治《广州图说》、光绪《广东舆地图说》记载，清代琼山、定安、乐会、临高、澹州、昌化、万州、陵水、崖州、感恩10个州县，黎峒32个，村822个。与明代相比，村峒数量已大为减少，因部分村峒被划入清政府直接管辖，成为清政府的编户齐民，不再称作峒，直接称为村或寨。

清光绪十三年（1887），冯子材率兵“平黎”后，设立“抚黎局”，作为统一管辖黎族地区的最高机构，下设总管、哨官、头家等官职，任用黎族内部原来公众领袖来统治黎族地区，只是官职名称作了改变而已。

中华人民共和国成立前，黎族百姓一般称总管、团董、乡长等人物为“奥稚”，黎语即“老人”之意，说明原始氏族社会的长老政治观念仍存在于民众意识之中。

峒有固定的地域，一般以山岭、河流为界，并且立碑、砌石或栽种树木、竹子等作为标志。峒与峒之间的界线不得随意侵犯，峒民有保卫峒域的职责。如若要到别的峒去采藤、伐木、渔猎等活动，一定要事先征得该峒峒主的同意，并缴纳一定数量的租金或礼物后才能进行；未经同意就行动，被视为侵犯对方权利，会造成冲突或械斗。

峒内成员有统一的行为规范，峒内成员都以世代相传的传统习惯作为一切行动的准则。如成员对峒的“疆界”有保卫的责任，成员之间有相互援助和保护的义务，如受到外峒人欺侮时，必须为其复仇，共同负担械斗时向外请援兵的费用等。这些行为主要靠习惯法来维系。

随着社会的发展，峒内成员血缘关系被经济和地缘关系取代。峒里原来居住着同一血缘集团的人，严格禁止峒民内部通婚，随着经济发展和人员迁徙混居，每个峒开始存在两个以上互相可以通婚的血缘集团，但峒内各血缘集团保留各自的公共墓地和祖先崇拜。

合亩制

合亩制，海南黎族特有的一种社会组织和生产单位，其性质是原始社会父系家长制的家族共耕社，是以血缘关系为基础进行农业生产的基本单位，由两户以上有血缘关系的父系小家庭组成合亩（大家合起来一起做工），土地、耕牛为公有，全体成员共同劳动，平均分配劳动产品，成员之间有互相帮助的责任和义务。合亩制的领导者为“亩头”，由有组织和指挥能力的父系长辈担任，处理合亩内部一切大事。随着社会发展，逐渐接受了贫穷的非血缘的外来户参加合亩生产劳动，剥削意识开始萌芽。

插秧 ▶

1947年合亩制开始解体，1956年农村进行社会主义改造后全部解体，原合亩制地区纳入人民公社。

合亩制分布于五指山中心地区，今归属五指山市，保亭黎族苗族自治县、乐东黎族自治县、琼中黎族苗族自治县三县的毗连地带。合亩制地区的黎族属于杞方言，以服饰来区分可分为“大鬃黎”“小鬃黎”“生铁黎”“剃头黎”等。

合亩制地区内的土地、林木、河流、耕牛等生产资料为集体所有，统一经营使用，一律不计报酬。生产工具全部私有（农户个人所有），损坏则由各户自己修理或添置。

主要农业生产，以种植粮食作物为主：一是稻谷，二是番薯、玉米、木薯等。稻谷分水

▲ 山栏园——乐东抱由镇南美村

◀ 山栏稻穗

传统脱粒方式——木杵脱粒

收割山栏稻工具——手捻刀

稻和旱稻，以水稻耕作为主，但耕作技术比较落后，普遍以牛踩田代替犁耙田，缺乏水利和灌溉措施，大多数稻田只能每年种一造，田间管理较差，基本不除草，除用人驱除鸟兽害外，对防御病虫害则缺少办法。没有选种的习惯，除秧田施一些肥料外，其他的田都不施肥。由于耕作粗放，对自然灾害的防御能力差等原因，因而粮食产量很低。

除种植水稻外，在合亩制地区种旱稻相当普遍，主要是在坡地和山栏园里种植，这是我们平常所说的刀耕火种的生产方式。收割时以手捻小刀逐穗收割，割一把稻谷约需15分钟。收割后不晒，而是一把把地挂在竹扎的晒谷架上。

男女分工严格。男子负责犁田、耙田、播种、灌溉、挑稻、防鸟兽害和砍烧山栏地；妇女负责插秧、除草、收割脱粒和播种。劳动上不分工种、不分轻重，大家都在同一时间集中在同一地点做同样的工作。这种古老的生产组织形式是建立在低下的生产力发展水平之上，严明的两性分工，亩头及其妻子在生产活动上的权威，以及各种形式的经济上的互助，都可以看出其原始性和低下的生产力发展水平。

分配制度上合亩对劳动产品分配原则是按户分配，不以人口劳力多少来分配，在分配前先留下一小部分粮食：一是种子；二是给亩头的“稻公稻母”（由亩头保管留作备荒和待客用的谷子）；三是留公家粮，结婚、盖房、生活困难成员可以动用此粮；四是留新禾，给亩头煮饭酿酒用的粮，亩头吃了大家才能吃，有祈丰收之意。

知识链接 合亩组织，存在“龙公”“龙仔”的关系。“龙仔”是指贫困、没有地位的人，而“龙公”则相反。“龙仔”为了经济上有所保障，政治上有所依靠，便投靠“龙公”。

合亩地区个体家庭参加合亩的集体生产和分配，同时可以经营自己的副业和手工业，种植山栏和小块园地，家庭私有的财产也得到社会的认可和尊重。

火耕农业与水田农业

火耕农业

刀耕火种是一种原始农业耕作方法。凡黎族居住的地区，均有种植山栏稻的传统习俗，山栏稻分为普通山栏稻和糯米山栏稻两种。在新中国成立前，山栏稻是黎族主要粮食来源之一，随着水田农业的发展，山栏稻才成为补充水田粮食的不足。目前有个别地方仍然保持种植山栏稻的习俗。

山栏园内的传统驱鸟器——竹筒

钻木取火

山栏稻耕作过程：选地、砍伐、晾干、焚烧、整地、点种、围篱、守园、收割。每年二三月份村民先选地段，然后砍伐树木野草，待晒干后用火焚烧，以灰为肥，清除残枝和整地后，就可以点种。点种时男子用尖棒棍在前面戳穴，妇女随后放种子埋土。待稻苗出来时便在山栏园边搭建一个草寮供管理和看守山栏稻之用。同时在旁边挂一组叮咚木，以敲打发出声音来驱赶野兽和鸟类。每年10、11月份山栏成熟，用传统的手捻刀收割，并存放在山栏园。有些地方运回村里的谷仓或晒稻架贮放。

知识链接 **钻木取火** 人类社会发展史中重要发明成果之一，我国春秋战国时期就已有“钻木取火术”的记载。黎族至今还掌握钻木取火术，其材料主要是山麻木、“赛料”木、“赛蛮”木等，以山麻木最佳，材料必须干燥而木质松软。取火工具由钻火板和钻杆组成，取火时有手钻法和弓钻法两种方法，手钻法是用双掌搓动钻杆，而弓钻法是以木弓或竹弓拉动钻杆，两种钻法的原理是一样——钻杆和钻火板摩擦而产生火星，再用干草或棉花等引燃物引火，就可以引出火苗来。钻木取火术对黎族现在生活已失去原有实用功能，但对人类社会发展史、考古学、历史学的研究有重要的价值。如今“钻木取火技艺”被列入国家级非物质文化遗产保护名录。

水田农业

水田耕作是黎族粮食的主要来源，海南岛地处热带，高温多雨，江河多，适合水田耕作。过去水田耕作技术落后，从依靠牛踩田到使用简单的竹木农具，有木犁、木耙、木铲、竹耙等，与汉族地区邻近的黎族地区，学习汉族农耕技术，也使用少量的铁质农具。而在五指山腹地因交通落后，与外围地区接触少，外来农具很少，一般采用牛踩田耕作方式。新中国成立后，这种耕作方式被先进的耕作技术取代。

竹磨脱壳

水田耕作制度，一般每年耕作早、晚二造，也有个别地区耕作早、中、晚三造。稻谷成熟时，用木制镰刀收割，搬运以肩挑与牛车拉，脱粒以牛踩踏和木杵舂，脱壳以舂米臼和竹木碾磨。

脱粒谷桶

知识链接 **牛踩田** 黎族最原始的水田耕作方式。主要流行于海南岛五指山区黎族地区水田的一种耕作方法。耕作时，用牛群在水田中轮回踏踩，将泥块和杂草踩烂，便于播种或插秧。新中国成立前夕，黎族合亩地区仍保留着这种耕作方法。后来随着社会和农耕技术的发展，而被遗弃。

水稻收割工具——镰刀

水稻田——乐东抱由镇光明村

采集与渔猎

采集是黎族一项经常性的传统活动，在经济生活中占有一定地位。海南岛地处热带，高温多雨，植物繁茂，盛产各类可食用的野生植物、野果等，江河海边盛产贝类、螺类等，为采集提供对象。

黎族地区江河多，海岸线长，水产品丰富，捕鱼成了经济生活的重要来源之一。他们使用鱼笼、鱼罩、捞网、挂网、撒网等渔具进行捕鱼类外，还经常用装设和铺设捕鱼床等手段在河流或海滨捕鱼。最独特的捕鱼方法是用弓箭射鱼。

新中国成立前，狩猎是黎族经济生活重要来源之一。他们除了使用矛、弓箭、粉枪等器具投射猎物外，同时采用放狗、巡山、挂枪、装圈套、挖陷阱等狩猎方式，所捕获猎物，采取“见者有份”分配方式，集体围猎采取全村人共享的分配方式，猎狗

海边拾海螺

也有一份（归其主人所有）；每年冬春农闲时，利用猎犬进行集体围猎是黎族节庆期间重要的集体活动之一。猎手家的房梁上大都挂着数量不等的野兽下颌骨，数量越多表明主人是打猎能手，备受人们尊敬的重要标志。

知识链接 **猎物分配习俗** 猎物分配是黎族狩猎活动中的一个重要内容，“见者有份”或“猎物同分”是共同规则，保留了浓厚的原始遗风。但不同支系间还存在一些差异。如黎族哈方言地区，猎手个人打到的猎物，小猎物归个人所有，大猎物采取“见者有份”分配规则，看见的人就可以分得一份，打中猎物的人分到兽头、前后腿和内脏，其他肉分给遇见的人。而黎族赛方言地区，个人狩猎所得的猎物，如有第二者碰见可得前腿或颈。集体围猎获得的猎物，均集中在一起宰杀干净，分给每个围猎者，先击中野兽的得一条腿和部分内脏，其他的肉均集中在一起平分，一人一份，猎狗也有一份。

▲

鱼篓

▲

小鱼篓

第三章 热带海岛民族风俗

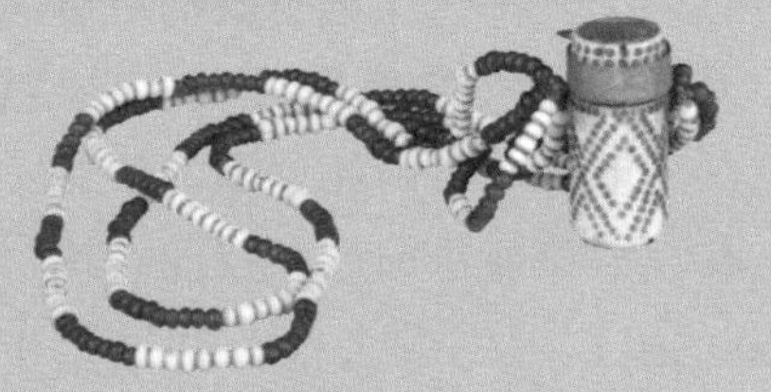

黎族7000多年前就已在海南岛上生活，在长期对热带海岛建设和开发过程中，伴随着社会历史发展，其饮食、婚恋、生育、丧葬、节庆等方面，形成了独具特色的习俗文化，并规范着本民族的言行。

服饰

黎族因居住的地域、生活习俗及语言等方面的差异，服饰种类繁多，款式多样，服饰图案更是多姿多彩，体现了多元的文化特色和审美情趣。黎族服饰有盛装和常装两种，盛装雍容华丽，并配有各种骨质和银质饰品，每一件都是精美的艺术品，构成了黎族文化的艺术长廊，异彩纷呈。

黎族服饰体现热带风情和海岛文化特色。男子服饰可分为三种类型：一是上穿开胸对襟、无纽的麻质或棉质上衣，下穿犊鼻裈；二是上穿麻质或棉质对襟衣，下穿左右两侧开衩的短裙；三是上穿开胸对襟、短袖黑色上衣，下穿黑色前后开衩的短裙。男子服饰最显著的特点是头缠黑色或红色的缠头巾，并结髻于前额，发髻的样式和位置因方言、宗族不同而不同。

黎族服饰以女服最为瑰丽多姿，每个方言的服饰都有自己的特点和风格。女子上衣有两类，一类是对襟、无纽上衣；另一类是惯首衣。两类上衣的下摆、衣背、袖口等都织绣有精美的图案；下衣均穿织有图案的筒裙。服饰图案都以人纹和动物纹为主，花草纹及几何纹为辅。妇女绾髻于脑后，头戴织有精美花纹头巾或黑布巾，并插有骨质、银质、铜质等装饰品；佩戴款式各异的耳环。

▲

哈方言哈应妇女服饰

哈方言妇女服饰

哈方言的人口最多，分布地区最广，主要分布在三亚市、东方市、乐东黎族自治县、昌江黎族自治县、陵水黎族自治县等市县，少部分散居在白沙黎族自治县、保亭黎族苗族自治县、琼中黎族苗族自治县、儋州市。其内部分为哈应、抱怀、罗活、抱由、抱曼、只贡、志强、抱环、哈恨、哈日、尼下、否现等12个分支系，每个支系中又因居住地域和宗族不同，其服饰又有各自不同风格和特点，哈方言妇女的服饰种类与款式繁多、风格各异。

哈应妇女穿长袖对襟上衣，下穿筒裙，裙长至小腿中下部，

哈方言抱由妇女服饰

裙的下部织有精美的图案；头戴两端织绣图案带有流苏的黑头巾；盛装时穿袖口、衣背、下摆处等织绣有精美图案的上衣，下穿有华丽花纹的筒裙，头戴绣有精致图案的头巾，戴耳环。

抱怀妇女上穿袖口、衣襟、领口饰有蓝色花边上衣，下穿织有绚丽花纹的长筒裙，裙长至脚踝，是各方言中最长的筒裙。筒裙的花纹是以咖啡色、棕色的人纹为主，以几何纹为辅。盛装时，头戴织有精美花纹、两端饰有流苏的头巾，戴耳环。

罗活妇女上穿长袖、无纽的上衣，前摆比后摆长；对襟处、下摆处、衣背下端织绣有美丽的图案，下穿织有精美纹样的筒裙，长及大腿中下部。盛装时，叠穿几件上衣在一起，美观悦人。妇女有戴耳环、手镯、脚圈、戒指和项圈习俗。

只贡、志强妇女上穿对襟式、领前有一颗纽扣的上衣，在对襟处、衣边及袖口绣有精细的几何图案；下穿色彩艳丽、图案精美的筒裙，裙长及膝盖。

抱由、抱曼妇女服饰，其特点是上衣无领对襟式、前襟长后襟短、袖短。下摆处和衣背绣图案，下摆饰有铜铃和鎏苏；下穿花纹精美的短筒裙，裙长不及膝盖，头戴绣花头巾。

杞方言妇女服饰

杞方言人口仅次于哈方言，主要聚居在琼中黎族苗族自治县、保亭黎族苗族自治县和五指山市，少数分布在乐东黎族自治

五指山通什地区杞方言妇女服饰

五指山畅好地区杞方言妇女服饰

县、昌江黎族自治县、白沙黎族自治县、陵水黎族自治县、三亚市和东方市等。杞方言因居住地域不同，其服饰的种类和样式呈现各自不同的特点。

琼中黎族苗族自治县西南部、五指山市水满乡一带的妇女服饰属于同一类型，其特点是上衣对襟、无纽，有一排装饰纽扣，衣前有花袋，后有腰花；衣背、下摆处、衣袖的中部及袖口织绣有精美的图案；下穿艳丽图案的筒裙，图案以红色人纹为主；头缠黑色或绣花的头巾，颈上戴有色珠串项圈或银制项圈。

保亭地区杞方言妇女上穿无领、对襟上衣，衣背、前摆处、后摆处绣有图案；下穿短筒裙，织有人纹图案，头戴织有花纹的头巾，颈上戴有项圈，胸前挂有银饰品，有文身的习俗。

琼中黎族苗族自治县以西的红毛、什运以及五指山市的毛阳、番阳等地，杞方言妇女的袋花和腰花多为甘工鸟纹，象征幸福降临。胸前系有白色的肚兜和银制胸饰品，筒裙的花纹以人纹为主。头戴织有花纹的头巾，有戴项圈和文身的习俗。

润方言妇女服饰

黎族润方言分布在白沙黎族自治县，主要聚居在南开、元门、牙叉、细水等乡镇。其妇女服饰特点：上穿短而宽、长袖无领、中央开“V”字形领口的贯首衣，衣侧、下摆、衣背及袖口等均绣有精美的双面绣图案，以人纹、龙纹、花卉纹为主，以几何纹样为辅；下着织有艳丽花纹的短筒裙，裙长及大腿中部，是黎族五个方言中最原始、最短的筒裙，素有“超短裙”之称；头上戴绣有花纹的头巾或黑头巾，绾髻于脑后，并插雕刻精美图案的人头形骨簪和银簪，戴耳环、戒指，不戴项圈。妇女有文身的习俗，属于全身型文身，是五个方言中文身图式最精彩、最复杂的。盛装上衣饰有绿白两色古琉璃珠、铜钱、銮苏。润方言妇女因村落不同，姓氏不同，其发式、文身图式、筒裙和上衣图案等都有明显的地区差别，是各自宗族或氏族的外在标志。

润方言妇女服饰

美孚方言妇女服饰

美孚方言分布在东方市和昌江黎族自治县，其妇女服饰比较统一，没有明显的地区差别。

妇女上穿黑色对襟、无纽上衣，衣领绣长方形彩边，衣领缀上一块方形布块；下穿织有绚丽图案的长筒裙，裙长及脚踝，最长可达150厘米；头缠黑白相间的短头巾。盛装时，头上插有银制的发簪和木梳，佩戴耳环。筒裙的花纹由两种类型纹样组成，一种是以白色人纹和几何纹为主的扎染彩锦，这是美孚方言特有的染织技艺；另一种是以粉红色或红色人纹为主，以花草纹样为辅的彩锦布。妇女有文身的习俗，其文身属于全身型文身，且纹样十分复杂。

美孚方言妇女服饰

赛方言妇女服饰

黎族赛方言主要聚居在保亭黎族苗族自治县的加茂镇、六弓乡、保城镇以及陵水黎族自治县英州镇、隆广镇和三亚市的藤桥镇，是黎族五个方言中人口最少的方言。妇女上穿蓝色右衽高领、素面镶边布纽扣上衣；下穿长筒裙，长及小腿下部，其上端是黑色或饰有横细条纹图案，下端织有花纹图案，并用蚌壳片或云母片镶在花纹里；盛装时戴项圈，并悬挂一些银牌锁形物等，头上戴黑色头巾，结髻于脑后，形成一长一短的垂带，头顶和发髻仍露在头巾外，发髻插银制发簪，戴耳环。没有文身是该方言妇女最显著的特征。

赛方言妇女头饰

男子服饰

黎族男子服饰不像妇女服饰那样类型繁多，其上衣的差别不大，而下衣有明显的地区差别。

哈方言和润方言男子上着对襟、无纽的麻或棉质上衣，有的衣背或下摆有简单的花纹；下身穿犊鼻裈；头缠黑色或红色的头巾。

杞方言和赛方言男子上穿对襟、无领、无纽的麻或棉质上

▲

树皮服饰

▲

杞方言男子服饰

衣，下着左右开衩的短裙；头缠黑色的头巾。

美孚方言男子上着对襟、短袖黑色的上衣，领际缀两块长方形布块，背部缀方布一幅；下穿前后开衩的黑色短裙，脚穿木屐。

男子下衣的款式，适应海南岛高温酷暑的气候和生存环境，它反映了黎族先民的聪明才智。

男子服饰具有共同的特点是结鬃头饰，用黑色或红色头巾在头上缠绕成各种样式的鬃于前额。结鬃时，喜欢插一些骨、银、铜等发簪；颈挂狗牙等骨质或银质的装饰品。

在黎族服饰中，还有一些宗教服饰，如道公在做法事时穿的道公袍和所戴头饰，这类服饰因方言、地区和宗族而异，有各自的风格和特点。

装饰品

黎族各方言的发式、头饰品、胸饰品等也不相同，妇女装饰品异彩纷呈，风格各异。

已婚妇女发髻均结于脑后，但绾髻的方式不同，其样式繁多。其绾髻多饰以银簪、骨簪、骨梳、木梳等，其中润方言妇女饰以骨簪、骨梳；美孚方言妇女的发髻饰以牛骨簪和

▲

牛骨刻花头簪

银簪；哈方言、杞方言和赛方言妇女的发髻饰以银质或铜质发簪。

妇女的项饰和胸饰品丰富多彩，但各个方言的样式有所不同。杞方言妇女戴银质、铜质和草珠项圈，并佩戴银质或铜质的胸饰品；哈方言妇女佩戴银质或铜质的项圈；赛方言妇女佩戴银质或铅质胸饰品。

妇女还喜爱佩戴款式不同的耳饰品。哈方言、美方言和赛方言的妇女戴弯钩铜质或铅质耳环；润方言和杞方言的妇女戴银、铜质小耳环。

装饰品是黎族服饰文化的一个重要组成部分，对外是黎族外在文化的标志，即氏族的标志；对内是成年的标志、婚姻的标志；同时又体现黎族的审美理念、宗教习俗等，具有丰富的文化内涵。

美孚方言妇女头饰品

饮食

黎族传统的饮食习惯一日三餐，普遍吃稀饭。主食为稻米饭，其次是玉米、番薯和木薯等杂粮。常吃的菜有南瓜、木瓜、白菜、野菜、田螺、蛙、蛤、昆虫类食物等。解放前常以三脚灶保存火种，用陶锅煮食，用竹筒或陶罐挑水。烹饪方法简单，屠宰畜、禽类动物多用火烧去毛，除盐外，一般很少用配料。肉食多用火烤、水煮或生腌。腌生肉和腌生鱼，黎语称为“样”。腌

美孚方言传统宴席

制时以热米粉或热米饭搅拌均匀，并密封于坛罐中贮存一段时间后方能食用。烤竹筒饭是一种特殊的煮食方法，其烤煨步骤：先将糯米浸泡一段时间，接着选用一节鲜嫩竹筒，再将浸泡过的米放进竹筒内密封好，然后用火烤煨。

竹筒

酒、烟和槟榔是黎族人主要的嗜好品。烟叶以自种为主，多用竹制水烟筒吸烟。平时爱饮自酿的糯米酒和蒸制的米酒。嚼槟榔时，一般用贝壳灰和青篓叶拌着嚼，槟榔是黎族重要的媒介物，婚姻生活要用它，丧事要用它，喜庆日子也用它，平常生活离不开它，民间有“一口槟榔大过天”谚语。

酿酒用的酒饼

知识链接 **糯米酒** 黎族民间酿造的酒，黎语称之为“傲咩”或“兵”（音译）。其原料为山栏糯米和自制的酒饼（酒曲），酿法是先把糯米浸泡蒸熟或煮熟，冷却后撒上适量的酒饼粉，调拌均匀后装进或放在竹篮或米筛上用芭蕉叶或干姜叶盖住待之发酵，两三天后闻到酒味并流出酒酿时，就把这些正在发酵的酒放进坛子密封，贮藏于阴凉处或埋于地下数十天而成。贮放时间越久越香甜，这是黎族款待佳宾、贵客的佳品。

东方江边乡俄查村——美孚方言船形屋村寨

民居

黎族村寨依山傍水，民居多建在地势平坦的谷地或盆地上。村寨人口有多有少，有多达数百户以上的村落，也有五六户或十多户的小村。村内的建筑物有住房、隆闺、谷仓、晒稻架、牛栏等。

村内没有固定的分布格局，住房外形分船形屋和“金”字形屋两大类，属于竹木结构。从结构和建筑材料来看可分为：茅草顶，扎竹篾或竹皮做墙的屋子；茅草顶，竹编泥糊墙的屋子；瓦顶砖木结构的屋子。船形屋有落地型和高架型（干栏式）两种。20世纪50年代，高架型船形屋建筑消失了。

在靠近汉区受汉族文化影响，住房外形改变为“金”字形茅草房，样式和附近汉族的草房基本相同，以竹条或树枝搭成墙架，外糊混有稻秆的泥巴。

竹制谷仓

砖瓦结构“金”字形房子，在黎、汉杂居区比较多见，外形、屋内间隔与当地的汉族基本相同。

“隆闺”是黎族村寨中的一种建筑形式。孩子成年后，父母在住房的一侧建“隆闺”给他们居住，不再与父母同屋而睡。

黎族村寨里每家都有谷仓。小型谷仓用竹篾扎成笪墙，上盖茅草，呈圆拱形，或以树枝编壁再糊上泥巴，大型谷仓与小型谷仓相似，但多以木板做仓壁。

中华人民共和国成立后，黎族地区的经济文化得到快速发

民房改造成果——保亭大本番道村

展，居住条件得到明显改善，开始出现砖瓦房、平房，特别是1992年以来海南省各级政府对少数民族茅草改造，使黎族人民的居住环境得到进一步的提高与完善，生活水平也得到质的飞越，别墅套间房、小洋楼开始在黎村出现。

传统的搬运方式——肩挑

交通与信传

新中国成立前，黎族地区受地理环境的限制，交通运输十分落后，交通基本靠乡间小路来维持。在山区，外出靠步行，运输全靠肩挑、肩扛、手提和牛拉，有公路和平原地区用牛拉木制牛车；在江河、溪流地区过河全靠涉水、泅渡、乘竹排、独木舟或以葫芦浮渡等，没有桥梁和船只。搬运木材多用牛拖拖曳。

传统的运输工具——木筏

在历史上使用原始的信息传递方式，主要有断箭传约、鸡毛信、敲锣打鼓、送槟榔、送猪腿、鸣枪等。

断箭传约，也称传箭。黎族内部峒与峒或部落与部落之间发生械斗、起义前各村寨的联络，或受外来入侵时向异地求援等，都以传箭来传递信息。

当有外敌入侵时敲锣打鼓，以鼓点和锣点的快慢来表示情况的紧急程度，全村人立即出动，准备迎战。

鸣枪主要用来迎亲、驱邪、报丧等民俗活动。

传统的记事方式——竹契(刻竹记事)

节庆习俗

黎族节庆文化内容广泛，既有本民族传统节日，又有受其他民族文化的影响而产生的节日，形成丰富多彩的节日活动。传统节日有年节（春节）、三月三节、山栏节、牛节等；受汉民族影响的节日有元旦、端午、中秋、重阳、清明等节日。

年节（春节）

黎族传统佳节，黎语有“仗”“将”或“报”等叫法。年节期间，从大年三十至元月十五。黎族历法一年分为十二个月，十二月份称“月末”，一月称“年月”。每年十二月期间，多办喜事婚事、修建房子和筹备年货。黎族传统习俗一般不在他乡过年，

欢庆节日

大年二十八、二十九外出人员陆续回到家，年三十每家每户大搞卫生，制作糯米糍粑，宰鸡杀猪祭拜祖先，在谷仓、米缸、牛栏、猪圈、鸡舍和果树等处贴红符或挂米粽，表示财物有主；妇女到水田、山栏园等招谷魂回家，以示丰衣足食；在家门口挂避邪物，以免凶神恶煞侵扰；然后鸣枪、放鞭炮；最后吃年饭，一家人其乐融融。年初一，大清早家家户户的妇女都要抢第一时间到水井或河边挑“圣水”或“天水”，这样会抢到祖先放的铜钱或手镯；初一这天大家不出村寨活动，不讲不吉利的话，只与家族父老乡亲喝酒拜年。

年初二至初十五期间，大家相互拜年庆贺，敬酒对歌。男子集体上山放狗围猎或下河捕鱼，村寨之间还举行对歌、荡秋千和粉枪、弓箭射击比赛。居住在五指山地区和白沙地区的部分黎族，年节期间全村集众敲锣打鼓，欢跳平安舞；在乐东哈方言黎族地区女婿、女儿回娘家拜年，亲朋好友之间拜年，喝合拢酒。无论以何种形式的拜年形式，都以放鞭炮、喝酒、对歌等为主要内容的过年方式，场面热闹、气氛祥和、欢乐向上。

三月三节

这是黎族古老的传统节日，是民间悼念祖先、庆贺新生，赞美生活和歌颂英雄的传统佳节，节日热闹而隆重。这一古俗历来都引人们关注节日热闹的场面，特别是对歌和歌舞的场面，是一

◀ 三月三节

▲

节日对歌

个复杂的文化现象，其形成的原因也是多方面的，因此其文化层次也是多层次的积淀。三月三的来历，有这样一个美丽的传说：

相传远古时候，洪水泛滥，淹没了地上的一切，只剩下兄妹两人——天妃和观音，他们抱住了大葫芦随洪水漂泊，漂到昌化江畔的燕窝岭，被一棵大榕树卡住了，洪水退了，两人奇迹般活下来，但大地一片寂静，因此他们便分头去寻找亲人，临走前两人约定每年农历三月三回到燕窝岭相会，他们走遍天涯海角都不见人迹，男找不到姑娘婚配，女找不到男子成亲，年复一年两人快衰老了，人就要绝灭了。观音便在自己脸上刺花纹（文身），使天妃认不出文脸的自己，于是在当年的农历三月三他俩相逢在燕窝岭下结为夫妻、生儿育女，人类得到新生与繁衍。婚后过着男耕女织的田园生活，并在半山腰开凿一个石洞居住，每年农历三月三日，正是山花烂漫，天妃和观音便带着子孙们一起载歌载舞，迎接春天的到来。后来，天妃和观音死在石洞中化成观音石。

黎族的子孙后代为了纪念他们把石洞称为娘母洞，每年农历三月三日定为三月三节。每年这一天男女老少都携带糕点、粽子、酒、肉等从四面八方来集聚在娘母洞前祭祀祖先——天妃和观音。余兴未尽的男女青年就上山对歌，人山人海、歌声悠远，通过歌声相互了解，并约定明年的三月三日再相会。

居住在海南岛南部地区的黎族，每逢农历三月三，以猪头、米酒和饭团为祭品，往三亚落笔洞、甘什岭山洞等地祈祖先赐平安。“合亩制”地区黎族，于农历三月的牛日，在亩头家杀猪摆酒席，聚众敲锣打鼓欢跳祖先舞蹈，庆贺春天带来的福气，为未怀孕的妇女招福魂，祝愿来日生男育女。

海南黎族苗族自治州人民政府，根据黎族人民的要求，把黎族民间三月三节的活动情况，向广东省人民政府报告。1984年广东省人民政府同意三月三为黎族传统节日。三月三节期间，黎族人民放假两天，并以各种形式庆祝这个美好节日。五指山市为历年庆祝三月三节活动的总会场，每逢三月三节，国内外宾客都应邀光临。三月三活动，成为宣传海南和弘扬民族传统文化的佳节。2006年5月，国务院把黎族三月三节列入第一批国家级非物质文化遗产名录。

牛节

黎族崇拜牛，将牛视为财富、权力、地位、吉祥的象征。过去各个家族或各家各户设有“牛魂宝盆”，并用一个小鹅石头（称宝石）代表一头牛，盆里有多少小石头，代表多少头牛，越多家族就越兴旺，在家里的柱子上挂牛角图腾，以示对祖先的敬重和吉祥如意。“合亩制”地区，选择牛日修建牛栏，这对喂养牛群有好处。每年秋耕后农历七月份的牛日，在亩头家杀猪设酒席，举行隆重的祭牛魂仪式，村民们通宵达旦敲锣打鼓、唱山歌为牛祝福，为牛跳招福魂舞蹈，并用竹筒盛米酒给每头牛灌酒，以示对牛尊重。东方美孚方言黎族地区，在村里设立牛神庙，牛节时祭牛神，祈求平安吉祥。民间牛日禁忌杀牛，形成一种传统习俗。

山栏节

山栏节是黎族美孚方言区独具特色的传统节日。

相传很久以前，一位老汉生了八个儿子，相继长大成家后分别

东方市江边乡山栏节织锦比赛

住在八个村。他们以种植山栏稻为生，每年小儿子种的山栏稻都长得好，收成多，日子比哥哥们过得好。老汉百思不得其解，便亲自到小儿子村寨去探个究竟，在那里他了解小儿子掌握农时节令，早早砍伐山栏园，将树枝杂草晒得干干，然后焚烧以灰为肥，稻禾才长得好的道理，同时联系公鸡报晓现象，悟出一个种山栏稻的道理：公鸡起早报晓，早早出窝觅食，才不饿肚子，人们要掌握农时节令像鸡一样，早出晚归，辛苦劳作，才能丰衣足食。

为了教育孩子们和公鸡报晓的启示，老汉在当年农历十一月第一个鸡日杀猪，召集八个儿子及其家人在一起喝酒、唱歌，把自己悟到的道理说出来，教诲儿子们要学习小儿子种植山栏稻的方法，才能获得好收成，儿子们听从父亲教诲年年种的山栏稻都获得丰收。各峒的人们都依照这种方法种植山栏稻均获得丰收。

收割山栏糯米稻

人们为了纪念先祖的教诲，感谢公鸡报晓的启示，便把每年农历十一月第一个鸡日，定为山栏节。每年的山栏节，各家各户杀猪宰牛（忌杀鸡），制作糯米糍粑，人们互相祝当年大丰收，祈求来年风调雨顺，山栏稻再获得好收成。节日要持续五天，年轻人身着民族盛装，携带糍粑，三五成群到村头荡秋千、玩耍；老人们走家串户，访亲朋好友，互祝好运，到处呈现出喜气洋洋的节日气氛。

禁忌习俗

黎族有五大方言，因此其禁忌涉及的内容十分广泛，主要有生活禁忌、生产禁忌、节日禁忌、丧葬禁忌、婚姻禁忌、宗教禁忌、渔猎禁忌等方面，下面以乐东黎族自治地区黎族哈方言的禁忌为例来叙述黎族禁忌。

生活禁忌

（1）睡觉时，头忌向门口，人死头才能摆向门口。

（2）进门时，忌把锄头扛在肩上，这是埋死人回家的象征。

（3）在屋内忌吹口哨，会引鬼入屋，使人生病，不吉利。

（4）忌在屋内煮蛇肉，蛇是他们的崇拜物。

（5）忌向墓山扔石头，否则会碰到祖先，这样会引起祖先的降罪。

（6）忌向村头土地庙吐口水或小便，否则会引起土地神惩罚。

（7）凡屋门上挂有青树叶或茅草时，外人不得闯入内，否则屋内病人病情加重。

（8）建新屋时，忌在该处哭泣，否则屋内不吉利。

路边鸡头祭山鬼

（9）新屋落成要选择黄道吉日入新居，否则人畜不安，生产不丰。

（10）牛日、猪日忌卖牛、猪，也忌杀牛宰猪，否则今后养牲畜难以繁殖。

（11）年节期间忌向别人借东西，否则会被人瞧不起，会更贫穷。

（12）忌在家中或公共场合谈论猴子，否则不吉利。

（13）大哥忌坐弟媳的床或大姐忌坐妹夫的床，否则会遭到雷劈。

（14）大哥与弟媳或大姐与妹夫忌独处一屋，否则天打五雷轰。

（15）平时坐时，忌用手托下巴，这是人死哭丧的动作，不吉利。

生产禁忌

（1）年节未过农历初三，忌从事生产劳动，否则生产颗粒无收。

（2）年节未过农历十五，忌舂米，否则往后生产不丰收。

（3）年节未过农历初三，忌借钱米给别人，否则往后五谷不丰登，牲畜不繁。

田边插有用茅草制作的草标——禁止入内

（4）吃新米饭时，女子忌先食，否则来年种植水稻不丰产。

（5）没有吃过新米饭的人，忌向他人借新稻谷，否则影响别人生产。

（6）父母的忌日不许种植东西，否则会没有收成。

（7）在已种植山栏稻的园边、水田边，挂起或插有用茅草制作的草标，提醒人们不要入内已设置竹针或动物陷阱，否则后果自负。

（8）在一块坡地或山林周边每隔4~5米距离的小树上挂有树枝或用茅草绑住，说明坡地或山林已有主人，其他人不能再侵占，否则会受到惩罚。

（9）在山林里看见树干上打有“×”字符号，说明此树已有主人，其他人不能再侵占，否则会受到惩罚。

生育禁忌

（1）孕妇忌拿砍刀砍东西，也不用锤子锤东西，否则会流产或难产。

（2）妇女生孩子未满月，外人忌进屋，否则会致婴孩多病。

（3）妇女生孩子未满月，忌吃无鳞鱼肉，否则孩子长大后会有鱼腥味。

（4）妇女生孩子未满月，只能吃熟（炒）盐，忌吃生盐，否则会腹痛。

（5）妇女生孩子未满月，忌用凉水洗澡，否则会得风湿病。

婚姻禁忌

（1）新娘入屋时，未经火堆及打破鸡蛋，不能入屋，否则鬼会随新娘入屋、作祟使家人生病。

（2）在婚宴上，忌打破锅、碗、瓢、盆，否则新婚夫妇会离异或年轻丧偶。

（3）在结婚、办喜事时，忌哭泣，否则不吉祥。

（4）结婚时未经打独木皮鼓（放在门口），忌饮酒吃饭，否则致腹痛。

丧葬禁忌

（1）人死了（在未出殡前），其家人忌到别人家串门，否则会让别人不吉利。

（2）人死了（在未出殡前），其家人忌到别人家吃饭，否则使别人不吉利。

（3）死人下葬时，辈分小的人忌埋在辈分大的人坟墓的上方，否则会给家族带来灾祸。

（4）人死入殓时，忌带金属入棺，否则鬼魂会祸害家人族人。

（5）人死入殓时，忌小孩子参加，否则鬼会带走他的灵魂。

渔猎禁忌

（1）妇女忌摸猎枪、弓箭，否则猎手上山打猎打不到猎物。

（2）妇女忌参加集体围猎，否则出猎不会获得猎物。

（3）猎手忌摸妇女的筒裙及衣物，否则上山打不到猎物，下河捕不到鱼。

（4）忌跨过钓鱼竿，否则钓不到鱼。

宗教禁忌

（1）祭山鬼、水鬼、树鬼、恶鬼等祭祀活动时，忌妇女参加，否则会引起不必要的灾祸。

挂猪头骨辟邪

（2）在路上、在屋外见到遗失的妇女衣物，忌拿走或触碰，否则会引禁母鬼魂上身而成为禁母，给家人带来不必要的伤害，同时被别人瞧不起。

（3）小孩子忌参加非正常死亡者的葬礼，否则灵魂会被带走，会死亡的。

（4）白天忌见蛇交配，家中即将有灾祸要发生，必须举行宗教仪式解除。

大蝴蝶

（5）白天忌见大蝴蝶，家中即将有灾祸要发生，必须举行宗教仪式解除。

从上述列举的黎族哈方言禁忌，有一些禁忌内容详细，有一些禁忌内容简短明了，这些是由黎族先民在长期社会生产、生活实践过程中总结提炼出来的，具有一定生活哲理，有一些是黎族社会传统的乡规民约（传统习惯法）。

第四章 人生礼仪

人生礼仪是指人的一生中在不同年龄、不同社会生活阶段和特定的传统习俗要求而举行的仪式和礼节，一个人经历出生、成年、婚嫁、死亡等四个生命历程阶段。它划定了人生前一阶段结束，后一阶段就开始，其言行也随之进入一个新阶段。每个民族所举行的仪式和节礼的含义不一样，有自己特指的含义，黎族也不例外。

诞生礼仪

黎族民间诞生礼仪一般从孩子出生后并持续到一周岁，内容很丰富，通常有报生、命名、放摇篮、满月、周岁等。婴儿出生后首先要报祖先家族又增添人丁了，祈求祖宗保佑新生命平安快快长大，并根据婴儿的性别在房门挂植物枝叶为“插星”符号，男婴一般挂红藤叶、荔枝叶、“寨概”（音译）叶等，女婴一般挂露兜叶，这些草标信息符号提醒外人莫入，同时又是辟邪物。

按照黎族传统习俗，孩子出生满十二天，要举行取名和挂摇篮仪式。孩子在未正式取名前一般将男婴通称为“爬亭”或“爬鸟”（音译），女婴通称为“白鸟”或“白亭”。在取名时，婴儿父母和家里长辈共议孩子的名称，通常根据孩子出生的特征和出生日子，以及孩子出生期间家里或村里发生具有象征性的事件取名，由家族里的“奥雅”举行仪式，杀公鸡祭祖，向祖宗报告婴儿的名称，通常以直系亲属辈序名次取其名，方能向众人公布。并由一位妇女把小孩安放在摇篮里，由外婆或年老的妇女带领众妇女给小孩唱摇篮歌谣。

睡吧我的儿，睡吧我的儿，睡吧爸上山，睡吧妈下田，摘回大菠萝，拿回大山芋，好好暖被窝儿，睡吧我的儿。睡吧我的儿，睡吧我的儿，睡吧稻打苞，睡吧芒花开，蚕豆开花了，白藤已结果，摘给我儿玩，别哭啊儿啊。吃吧我的儿，吃吧我的儿，擦干眼角泪，亲吻你脸庞，上山采粽叶，爸上山打猎，包粽给儿吃，盼儿快长大，盼儿快长大，盼儿快长大。

满月、满周岁时，通常宰鸡杀猪祭先祖，宴请亲属朋友恭贺孩子健康平安。

成年礼

黎族有自己的历法，以十二日为一个周期日，以十二年为一个周期年，周而复始。一个人长到一个周期年，预示其将长大成人，要举行相应的成人仪式，黎族的成年礼与其他民族的成年礼不同，它是一种古老习俗的传承，在人的一生中具有重要意义，是告别儿童时代，进入成人社会活动的重要标志。

男孩子一般十三四岁就开始建造自己的“隆闺”居住，不与父母同住，开始独自参加社会各种社交活动，这是他成年的标志。而女孩子的成年礼较为复杂些，当女孩子长到十二三岁时，其父母要杀一只白鸡举行宗教仪式，请文身师父（文身师）为她文身，一般要分几次才能文完，施文约过15天后就开始脱痂，呈现出文身的纹样，成年礼完成，并搬到“隆闺”居住，不再与父母同住一屋，标志其已成人可以参加各种社交活动，可以谈恋爱、结婚。

婚姻

婚姻，对于个人来讲，是个体经验的重要组成部分，从社会层面来看，婚姻又是形成家庭这一社会基本单位的基本途径。婚姻习俗不仅反映一个民族传统文化特性，也反映个人心理状态，同时还深刻反映一定历史时期社会的意识形态和价值观念。

通婚范围

黎族婚姻观念，同宗族的人身上流着同一祖先的血液，不能婚配，必须严格遵守，实行宗族（血缘集团）外通婚习俗。黎族在“血缘关系”认定上却不完全建立在现代生物学意义的基础上，其主要体现在以下几个方面：一是同一祖先具有血缘关系的族群成员之间禁止通婚，无论多少代都不能婚配；二是具有同一祖先血缘关系的族群，因为某种事件的发生，双方主观中止血缘关系。如因为利益争端，兄弟双方反目成仇，互不来往，形同陌路，从而使这种具有事实上血缘关系的人发生了“虚拟转变”血缘中止；三是虽然不具有血缘关系，但通过举行“结拜兄弟”“认父母”等仪式，使本来不具有血缘关系的族群有了“虚拟”的血缘关系，从而不能通婚。如合亩制的龙公、龙仔之间在经过确定收养关系后，便有“义父”与“义子”的关系，相互之间禁止通婚。

此外，黎族是一个只有语言没有文字的民族，从古至今借用汉字来记录自己的宗族（家族）姓氏，同一宗族因居住不同的地方而有不同的汉姓，因此有“婚配不忌同姓”“婚配忌同姓”和“不同姓忌婚配”等说法。具体来说包括以下几个方面：一是黎族的汉姓一样，但和宗族姓氏不同的，如汉姓同是“王”，但黎族宗族姓氏不同，一部分人是“木棉族群”，另一部分是“竹子族群”，两者没有任何血缘关系，因此同姓可以婚配；二是汉姓和宗族姓氏指同一族群的，同一个血缘家族，如汉姓是“黄”，其成员之间不能婚配的；三是不同汉姓，但其黎族姓氏是同一个宗族，有同一血缘关系，其成员之间不能婚配，如三亚市崖城镇北岭村委会黄姓家族与乐东黎族自治县千家镇永益村委会罗姓家族不能通婚，他们是同一个“德旺”宗族的。

新中国成立后，随着黎族地区社会经济发展和思想观念的转变，婚配范围开始扩大。新中国成立前黎族通婚范围基本局限于相邻的几个村寨；新中国成立后，特别是改革开放以来，社会经济发展、交通便利、观念更新，黎族与外界社会的接触越来越频繁，通婚的地域范围越来越广，各方言开始通婚；与其他民族通婚数量增多，黎族与苗族、汉族之间的通婚越来越多，特别是与汉族之间的通婚越来越频繁，黎族姑娘嫁给外族的较多，黎族小伙子能够把外族姑娘娶进来的较少，究其原因：一是近年来外出打工的青年人逐渐增多，这些青年觉得外地的环境比较优越，因而选择在外地与别的民族结婚，特别是外出打工的女孩子，基本上都会选择外嫁给汉族或其他民族；二是受地区经济及其他各种生活便利条件差异影响，黎族小伙子与其他民族的姑娘交往，但能婚配的不多；三是近年来随着黎族对文化教育的重视，孩子都能上学读书，有一部分中专、大学、研究生等，他们在学校期间接触到别的民族的姑娘，并相恋结婚。

隆闺之恋

黎族青年男女到十三四岁的时候就不跟父母一起居住了，一般都要到隆闺里居住。隆闺是年轻人的起居室，屋内不设灶，只有8～10平方米的小房子，有“兄弟隆闺”和“姐妹隆闺”之分，“兄弟隆闺”由男孩子自己建造，“姐妹隆闺”则需要父母或

隆闺

兄弟来建造。隆闺一般建在村头、村尾僻静处或谷仓边，有的建在父母居住的房屋旁边，一般可住三至五人，小的住两人。隆闺恋就是以隆闺为场所的交友活动，是黎族社会的一个颇富传奇色彩的恋爱习俗，男女自由恋爱的体现。傍晚时男青年结伴步行到女方村子里串隆闺，在隆闺外，唱山歌（情歌），吹奏鼻箫、树叶和弹口弓，女方同意后开门，男青年才能进入隆闺与姑娘们会面，交友和恋爱活动得以开始，要经过两三年交往与了解，双方情投意合后各自向父母亲提出结婚的意愿。

随着社会的发展以及人们观念的更新，隆闺恋习俗开始变迁：

鼻箫情

第一，具有独特民族特色的隆闺逐渐减少，取而代之村民在自己新建的房屋中单独开辟一间作为隆闺使用，但因与主体建筑融为一体，原有的功能逐渐弱化。

第二，“以歌为媒”“对歌择偶”的择偶方式逐渐消失，隆闺活动失去重要载体。对歌、吹奏鼻箫、洞箫和弹口弓等是过去黎族青年男女相互认识、欣赏、诉情的重要方式，是串隆闺活动的重要内容。随着隆闺样式化以及村民观念的变化，青年男女不再以是否能歌善舞作为择偶的标准，黎族传统民歌开始消失，取而代之的是现代流行歌曲、交谊舞等。

第三，青年男女交往途径的多样化。在黎族传统社会，青年男女交往主要通过串隆闺、三月三节集会、红白事活动等途径。但随着社会的发展，特别是改革开放的深入，出现打工潮，青年男女们通过打工而相互认识不同地区不同民族的人，而且机会越来越多，跨越的地区越来越大，恋爱的对象越来越多。

进入21世纪后，随着科技和交通的发达，青年男女之间的交往更是多样化，恋爱方式也呈现出千姿百态，更多青年选择舞厅、酒吧、网吧等场地来相互认识、恋爱。随着信息技术的普及，更多人也选择通过电话、手机短信或互联网等形式进行交流，交往方式更加现代而浪漫。

恋爱期间，双方互赠爱情礼物，男子通常送编织精致的小腰篓、草笠、骨簪、耳环、银圈等送给女友，女子以织绣图案的花带、小挂包等给男友以表衷情。

婚姻礼仪

婚姻礼仪是每一个民族在长期的社会生活实践中，对婚姻缔结过程所创造一整套行为模式，人们遵照执行的民俗活动。在黎族传统社会生活，婚姻礼仪主要包括提亲、定亲、接亲、迎亲、婚宴、逗娘、送亲、回门、接妻等方面。

提亲 男女青年通过自由择偶的婚恋，双方情投意合后向父母提出结婚意愿，当然也有少数男方父母看中某家的女孩也提出结婚意愿，无论以什么方式提出结婚意愿，男方派员提着槟榔、酒、肉、烟、手镯等礼物到女方家提亲。如果女方父母同意，双方则会择吉日订婚，若女方不同意，则会委婉拒绝这门亲事。

定亲 根据已商定的定亲日期，一般在提亲10天之后定亲。双方父母根据黎族传统的习俗，选择良辰吉日定亲，但双方家庭中人员的忌日除外。定亲之日，男方在父母或家族的人陪伴下，带上槟榔、酒、糯米、光银、猪或牛等聘礼到女方家商议婚事。女家设宴招待，席间双方商议结婚聘礼、父母操劳费、众亲的礼品以及槟榔、烟草、酒肉等数量。如果女家同意成亲，就把男家婚事送来的聘礼收下，并商定举行婚礼的日子。各地区聘礼多寡不同，过去用铜锣、牛、银圆、槟榔等为聘礼，如今多用人民币，数量多少双方家族协商而定。现在黎族地区婚事办理的程序多为先放槟榔订婚，接着到政府民政部门办理结婚登记手续，最后举行婚礼。

定亲黑糯米饭与酒

接亲 黎族的婚礼除了美方言在白天举行外，其他四个方言一般都在晚上举行。婚礼当天上午男方派五六个家族兄弟姐妹到女方家中接新娘。女方家办酒席款待，下午四五点左右唱山歌催促女方出发。女方家的妇女们则奔走相告，动员村寨众亲参加送新娘的队伍，送亲的人越多，新娘就越光彩。新娘出门前要妆饰打扮，在母亲、嫂嫂及村里姐妹们陪伴下跟着接亲队伍步行到男

哈方言罗活人接亲回来

方家里，还有乐队吹吹打打，场面十分热闹。送亲队伍到达男方村寨时，村里的男女老少早已在村口迎接。

迎亲 村口迎亲仪式，在路的中央放一堆干稻草，铺一张芭蕉叶，叶面上放一个鸡蛋。主持迎亲仪式是男方家族的长辈，身着本民族服装，手持尖刀和火把，立在路中间，面向送亲队伍，诵念幸福吉祥的贺词，场面肃穆。祈祷后，用刀破开鸡蛋，割开芭蕉叶，点燃草堆。送新娘的队伍每人都要跨越路口上的火堆，表示将凶神恶煞及孤魂野鬼或不好的事物都拒之门外，确保婚礼顺利举行，祝福新郎新娘吉祥如意，相亲相爱。进入村寨后新郎携着新娘见父母亲，再拜告祖先，随后婚礼宴席正式开始。

婚宴 宴席都设在地上，用宽度约一米，长度视主人家房屋长度而定的竹席、木板、露兜叶席等作为饭桌，两边摆放着两个长长的圆木，宾客蹲坐在圆木上喝酒吃饭。猪肉、牛肉、野芭蕉心等是婚宴的主要菜品，栏糯米酒是主要的酒水。在吃饭之前，新娘和新郎先把一些米饭和山栏酒洒在地上，给祖先和神灵先吃，以示孝敬。婚宴上，一般新郎新娘与男方证婚人及女家的送嫁人和女家证婚人相对各坐一边；男方父母及其他的亲人坐在其他两边。席间，双方父母及证婚人会互相说一些祝福及告诫的

哈方言罗活人女方婚俗——吃黑糯米饭

话。新郎新娘陪同客人饮酒、对歌，有的通宵达旦。

逗娘 逗娘方式黎族各方言的习俗不同。乐东地区哈方言黎族的婚礼，新郎和新娘共饮一碗酒时，要一饮而尽，然后将碗举起来，看看是否有酒滴落下来，如有就得重新喝一碗酒。因此，一对新人为了把碗中的酒喝干喝净，喝酒动作多样化了，闹得男女哄堂大笑。五指山地区杞方言黎族的婚礼，送新娘队伍的伴娘们，故意用草笠或雨伞遮着自己的脸，不让小伙子看到自己的脸庞。小伙子就用烟雾熏她们，直到看见姑娘的真面目为止，整个场面欢快。合亩制地区杞方言黎族的婚礼，由男家蒸糯米饭，女方家姑娘负责用木臼舂制糯米糍粑。小伙子们想方设法去抢糯米糍粑，稍有不慎，会被姑娘用木杵撞击头和手，或被逮住，姑娘会用糯米糍粑粘满其头发作为惩罚。白沙地区润方言黎族的婚礼，送新娘队伍到达男家时，先由新娘和伴娘检查席上的饭菜是否好吃，量是否足。如果认为做得不好，则认为男家降低新娘的身份，伴娘就会百般责难，甚至把席上饭菜倒在地上，男家只好忍气吞声地重新做饭菜。加茂地区赛方言黎族举行婚礼，新娘吃饭由新郎家族成员将米饭一点一点地盛入碗里，要求新娘和伴娘每口只吃一粒饭，新娘和伴娘不吃饱，饿着肚子度过婚礼之夜。

煮饭与挑水 次日早晨，新郎的母亲带新媳妇看家里米缸，并指点放米下锅，米饭煮熟后，新郎的妹妹带嫂子去挑水回家，烧水给男家父母洗脸。

知识链接 **“不落夫家”习俗** 在黎族传统社会存在一种独特的婚姻习俗——“不落夫家”习俗：婚后新娘不在夫家居住，而是回到娘家居住，农忙或节日期间返回夫家，帮助干一些农活，过后又回到娘家，直到怀孕或生了第一个孩子后，才回到夫家定居生活，婚姻关系才算稳定。“不落夫家”的时间长短并不固定，一般以妻子是否怀孕或分娩为限。少则一年，多则三五年，也有长达十几年之久的，一般情况以二三年居多。婚后，丈夫晚上都要来与妻子过夜，第二天早上才离开。“不落夫家”习俗如今在黎族部分地区仍然存在，但其性质和内容都发生了很大变化，婚后女子只象征性回娘家住二三天便返回夫家居住。“不落夫家”习俗的变迁，除了经济社会环境等变化之外，最为关键的是来自母权制社会向父权制社会转型过程中男性血统优势及政治优势的体现。

送亲 新郎家设送行酒席，送新娘队伍离开男家时，一般带回的礼物是一对盛满酒的陶罐、一担糯米糕饼、半头排猪肉以及槟榔和烟草等物品，出村时双方唱黎歌互相祝愿。

回门 新娘在结婚数日后返回娘家居住，向父母通报在男家的生活情况。新娘回娘家时带一小罐米酒、一小箩糯米糕饼和槟榔、烟草等礼物。在娘家居住数日，等候丈夫接回去。这是“不落夫家”婚俗的体现，也是母权体现。

接妻 新娘回娘家居住数日后，由丈夫到女家把妻子接回来。接妻时，女婿受到岳父母设宴款待，女婿往往被村里的姑娘们缠住斗酒对歌。女婿表现好的，女方家高兴，说是女儿找到好丈夫。宴毕，新娘随丈夫回夫家。此后，就不必再接了。

离婚习俗

黎族的婚姻是以自由恋爱为基础，感情好，离婚的现象不多，但也存在婚后双方感情不和，无法生活在一起的现象，便有离婚现象。黎族的离婚主要有以下两种形式：

第一种，离婚当事人，一方要求离婚，另一方不同意离婚，经过双方父母以及家族长辈调解无效后，则由当事人自己处理。若女方提出离婚，那必须退还男家结婚时的所有聘礼；若男方提出离婚，女方家不必退还结婚时的聘礼。

第二种，双方协议提出解除夫妻关系，主要是父母包办的婚姻，没有感情基础。双方报告父母然后杀猪摆酒，男女两家亲属代表亲自参加，各坐一边。在家族长辈或奥雅主持下，讲明离婚的原因，如双方父母及众亲同意离婚，即举行离婚仪式：在酒席中间，放三个碗，一个盛满酒，两个为空碗，并用黑布盖住，当事者相对而坐。主持人先将黑布从中间当众撕成两片，当事人各取一片，作为解除婚姻关系凭据，然后把酒分别倒入两个空碗，离婚者把半碗酒饮干，俗称“分手酒”。

以上两种离婚方式，婚生子女一般都归男家抚养，哺育期的婴儿跟随母亲生活，长大后自己可选择随父或母生活。

丧葬

黎族内部分为五大方言，因方言和生活地域不同，丧葬习俗也有所差异，葬礼也各不相同、千姿百态，很难以某一个葬礼过程来代表不同方言、不同区域的黎族葬礼。下面以哈方言哈应人为例，来梳理丧礼流程。

报丧。死者家族长辈（男）向天鸣枪三声：一是向本村家族兄弟姐妹传噩耗；二是通知死者家族的祖先有子孙要来与他们团聚，快来带走死者的灵魂；一是为死者护魂上路，使亡魂顺利达到祖先故里。

奔丧。当噩耗传到，各路亲戚好友组织奔丧队伍，直接到死者家吊唁，见死者最后的遗容。

入殓。凭吊仪式完毕，进入入殓仪式，是在家族“爬柔”（黎语音译，从事诵唱祖史、祖谱和主持宗教活动的家族长者）的组织下、舅父家族监督下进行的，入殓是选在下午约四点钟，表示亡魂与活人一样早出晚归的生活习俗。

乐东千家地区哈方言哈应人盖有纸罩的灵柩

停棺。停棺是人类发展史上独特文化习俗之一，黎族哈方言哈应人停棺习俗，一般是在三天以上，停棺的天数宜单不宜双，要根据丧家的意愿、时节和经济能力而定，最长时间有三年之久。

哭灵、护尸与守灵。入殓后就进入哭灵、护尸与守灵阶段，直到出殡那天。

家族兄弟在灵堂前举行“孤儿讨饭”仪式，哭灵祭拜

送殡至公共墓地

每天晚饭后，死者家族兄弟姐妹和部分异地的亲戚朋友参加哭灵、护尸与守灵活动。

择墓穴。在“爬柔”的主持下，死者家族兄弟进入墓山选择坟穴，并将它挖好。

做八（音译）。在出殡前一天晚上为死者举行隆重的祭祀仪式，俗称“做八”。

烧纸马、纸衣、灯笼仪式，黎语称“随侠”。天一亮在“爬柔”的主持下，死者家族及其亲朋好友将纸马、纸衣、灯笼等拿到村口，在一片哭声、鞭炮声、哀乐声中烧掉，表示死者将穿着新衣服打着灯笼骑着马到阴间去，与祖先团聚。

出殡。在“随侠”仪式完毕后，就开始出殡，黎语称“滕寨”或“滕闷”。出殡一般是上午八点钟前，表示早出晚归之意。

“拼办”仪式。出殡回来的第一件事是“爬笑万”（死者的儿子，捧着香炉带死者灵魂进入墓山或阴间的人）、“爬柔”及家族兄弟哭着拿着死者的遗物，送到村头或村尾的大榕树下举行弃遗物仪式，扔掉死者遗物，俗称“拼办”。

“谈马”仪式。出殡当天下午，死者家族摆长条酒宴请舅父及其家族，向他们说明死者生病、治疗等经过以及其生前的债权债务，同时对遗孤做出妥善的安排。

出殡的当天晚上，由“爬柔”在堂屋为亡魂立香炉唱念咒语祭灵，满三天后撤灵坛，整个丧葬活动结束。

守孝习俗。哈应人的守孝期，传统的守孝期是三年，如今的守孝期一般一年，但随着社会的发展和人思想观念的改变，有些地区的守孝期缩短了，有半年的，最短的只有三个月。

扫墓习俗。哈应人每年都有上坟扫墓的习俗，时间是每年的农历三月三那天，死者的亲属及其亲友们都带着猪肉、鸡肉、酒、饭团等祭品到墓山拜祭亡魂。

第五章 衣被天下——织锦文化

黎族先民在长期对海南岛开发与建设过程中，对植物纤维柔韧性认识的基础上创造出灿烂的传统文化——织锦技艺，开创了中国棉纺织技术的先河，为中国纺织业做出了重要贡献。

黎锦概述

黎族是海南岛的原住民族，现主要聚居在海南省的中部和南部地区，纺织业十分发达，纺织品种丰富多彩，有麻衣、麻被、木棉被、崖州龙被、黎单、花被、挂锦、各类服饰等织物，是黎族优秀的传统文化产品，具有很高的艺术水平，备受世人的青睐。

黎锦历史悠久，据《尚书·禹贡》载，“岛夷卉服，厥篚织贝”。说明早在春秋战国时期前，黎族先民已熟练掌握纺织技术，纺织业已有了较大的发展规模，出现“岛夷卉服”的现象。

据《后汉书·南蛮传》卷86：“武帝末（前87），珠崖太守会稽孙幸调广幅布献之，蛮不堪役，遂攻郡杀幸。”说明西汉时黎族纺织业已经很发达，朝廷征收“广幅布”为贡品，可见棉纺织品技艺之精湛、质量之好；也说明棉纺织技术已经十分的普及。又据《汉书·地理志下》记载儋耳、珠厓郡风俗：“民皆服布如单被，穿中央为贯头。”黎族地区出现“民皆服布”的现象。

知识链接 双面绣　双面绣是黎锦的一种技艺，绣品正反两面图案一样，以白或黑棉纱布为底布，以黑、黄、红、绿、白等色线为绣线。绣时，先绣图案的框架，一般以黑色线为主，然后绣其他色线，针法有竖针、横针、斜针、转针、反针、角针六种，常见图案有人纹、龙纹、花卉纹、人龙复合纹等，常见在妇女上衣前后摆、袖口和对襟处。反映黎族原始的自然崇拜、祖先崇拜、图腾崇拜的意涵，传递着黎族历史、民俗等诸多信息,有民族学、民俗学、艺术学等研究价值和实用价值。

宋代，黎族的纺织业十分发达，其棉纺织技术已达到很高水平，当时已居全国领先水平，其产品种类繁多。据《桂海虞衡志·志器》载：

黎幕。出海南黎峒。黎人得中国锦彩，拆取色丝，间木棉挑织而成，每以四幅联成一幕。……黎单，亦黎人所织。吉红间道，木棉布也。

又如《岭外代答·服用》载：

吉贝。……雷、化、廉州及南海黎峒富有，以代丝。……海南所织则多矣。幅极阔不成端正，联二幅为卧单者，名曰黎单；间以五彩，异纹炳然，联四幅可以为幕者，名曰黎饰；五色鲜明，可以盖文书几案者，名曰鞍搭。其长者，黎人用以缭腰。

总之，宋代黎族棉纺织品以其制作精良，细密莹白，彩色艳丽，图案新颖、款式多样而闻名于世。

元代是黎族棉纺织业发展的重要时期。

一是黎族棉纺织品已畅销我国的北方，元《农书·农器图谱》卷21载：

夫木棉产自海南，诸种艺作法，骎骎北来，江淮川蜀，既获其利，至南北混一之后，商贩于北，服被渐广，名曰吉布，又曰棉布。其幅匹之制，特为长阔，茸密轻暖，可抵缯帛，又为毳服毯段，足代本物。

可见黎族吉布以其“茸密轻暖”的优良品种，备受人们的青睐。

二是黎族棉纺织技术开始传入内地，促进江南地区棉纺织业发展，也是黎族文化与汉文化交流和交融时期。据元·陶宗仪《南村辍耕录》卷24：

闽广多种木棉花，纺织为布，名曰吉贝。松江府东去五十里许，曰乌泥泾。其地土田硗瘠，民食不给，因谋树艺，以资生业，遂觅种于彼。初无踏车、椎弓之制，率用手剖去子，线弦竹弧置案间，振掉成剂，厥功甚艰。国初时，有一名黄道婆者，自崖州来，乃教以做造捍弹纺织之具，至于错纱配色，综线絜花，各有其法。以故织成被褥带悦，其上折枝团凤，棋局字样，粲然若写。人既受教，竞相作为，转货他郡，家既就殷。未几，妪卒，莫不感恩洒泣而共葬之。

可见，宋末元初著名的女棉纺织革新家黄道婆（1245—?）早年在盛产棉花的崖州水南村（今海南省三亚市城镇水南村）跟当地的黎族妇女学习棉纺织技术，元贞年间（1295—1297）学成后回到松江府乌泥泾（今上海徐汇区华泾镇），在总结黎族棉纺织技术基础上，一是对黎族的去籽、弹花、纺线和织布工具做一些改进；二是运用和推广黎族妇女的“错纱、配色综线、絮花”等技术，织造出名闻天下的松江乌泥泾被，其上有折枝、团凤、字样、棋局、花草等栩栩如生的花纹图案，把黎族棉纺织技术传授给当地人民，推动长江中下游汉族地区棉纺织业的发展。

清代及民国时期，是黎族棉纺织品发展至最高峰，其中闻名国内的有黎饰、黎单、黎幕、黎布以及“儋、崖二帐”、绒毡等等。清·屈大均《广东新语·货语》卷15：

其出琼者或以吴绫越锦，拆取色丝，间以鹅毳之绵，织成人物、花鸟、诗词、名曰黎锦。浓丽可爱。白者为幛，杂色者为被，曰黎单。四幅相连曰黎幕，亦曰黎幔。以金丝者为上。又有花被假被。……布帛则攀枝吉贝，机杼精工，百卉千华，凌乱殷红，稀疏尔暑，密斜弭风，盖谓琼布也。……崖州多织锦，儋州多织生丝。崖州纺织绵线如布帛状，绣人物花鸟其上，有十金一具者，名曰帐房，俗称儋、崖二帐。

可见，清代黎族纺织工艺品，工艺之精湛，图案之精美，价值之昂贵，而畅销海南及内地市场。

黎族织锦是黎族妇女在开发与建设海南岛过程中创造出来的手工技艺，是在认识植物纤维柔韧性的基础上，通过纺、染、织、绣等技艺织绣出服装、被子、头巾、挂锦等各类纺织品，其蕴含黎族人民的审美意识、图案艺术、宗教信仰等思想理念，是黎族核心文化之一，也是黎族重要外在文化标志，在黎族社会生活中重要地位，是我国非物质文化遗产的重要组成部分。2005年被海南省列为第一批非物质文化遗产保护名录，2006年被国务院列为国家级第一批非物质文化遗产保护名录，2009年10月被联合国列入急需保护非物质文化遗产保护项目。

▲

火索麻

纺织原料——麻纤维与棉花

黎族的纺织原料，主要是采集野生的植物和种植的植物纤维。采集天然的植物纤维有“磨”“变”、葛等，海南岛地处热带地区，盛产这些植物；种植的纤维植物有苎麻、木棉（攀枝花）、棉花（海岛棉）、爪哇木棉等，黎族地区从古到今盛产棉花，是我国最早的棉花产地之一。在棉纤维作为纺织原料前，麻类纤维是黎族纺织的主要原料。据调查，从目前收集的织物，棉纤维织物约占60%以上，麻类纤维织物约占20%，其他混织物约占20%，主要是棉麻混织和棉丝混织。

麻类

火索麻 黎族称之为“变”麻（音译），是野生植物，属灌木科植物，多年生植物，掌状复叶。黎族利用其茎皮纤维织成衣服和被子，如今在黎族民间和海南省民族博物馆收藏一批这类衣物。

羊蹄麻 黎族称之为“磨”麻（音译），是一种野生藤蔓豆科植物，多年生植物。黎族利用其茎皮纤维织成衣服和被子，自古以来掌握并传承这门技艺，如今在黎族民间和海南省民族博物馆收藏一批这类衣物。

羊蹄麻

苎麻 是我国荨麻科多年生纤维植物，喜阳光、喜水，主要分布在我国南方和黄河中下游地区，其茎内的韧皮纤维可用作纺织原料，重要的纤维作物。苎麻品种可分为深根丛生型、浅根散生型和中间型三类。现在世界上自南纬25°到北纬38°都有苎麻栽培，以亚热带和热带地区为多。中国普遍栽培的苎麻为白叶种。绿叶种苎麻仅在海南和云南等热带气候地区有少量分布。苎麻是黎族妇女重要纺织原料。

木棉花

棉花

第一种是木棉（攀枝花棉），

属于木棉科的落叶大乔木。黎族有五大支系，各支系对木棉的叫法也不相同，主要有“贝好”“只好”“好”等叫法。

草棉

棉花有二种，一木可合抱，高可数丈。正月发蕾，二三月开，深红色，望之如华灯烧空。结子如芭蕉，老则折裂，有絮茸茸。黎人取以作衣被。

这是史料对海南木棉和黎族取之做衣物的记载。

第二种是草棉（海岛棉），黎族称之为“贝”“只贝”“吉贝”等，属于棉葵科，分草木和木本两种：

棉花有两种，一可合抱……一则今之吉贝，高约数尺。四月种，秋后就生花结子，壳内藏三四房，壳老房开，有棉吐出，白如霜。纺织为布曰吉贝布。

这是史料对海南草棉以及黎族利用其纺纱织布的描述，它是一种重要的经济作物。

第三种是爪哇棉，黎族称之为“好环”。这种棉花其纤维短而脆，一般不用在纺纱织布上，只用作枕芯、被芯和垫褥等。

爪哇棉果

蚕丝

蚕丝是黎族纺织的原料之一。黎族先民自汉代以后就会用蚕丝来织锦，据《汉书·地理志下》卷28对儋耳郡、珠厓郡社会生活描述：

男子耕农，种禾稻纻麻，女子桑蚕织绩。

黎幕。出海南黎峒。黎人得中国锦彩，拆取色丝，间木棉挑织而成，每以四幅联成一幕。……黎单，亦黎人所织。吉红间道，木棉布也。

黎，海南四郡岛上蛮也。……女工纺织，得中土绮彩，拆取色丝，加木棉挑织为单、幕。又纯织木棉吉贝为布。

从这些记载说明黎族妇女掌握了用蚕丝织锦的技术，蚕丝的来源有自己养蚕的，也有从内地的锦彩拆取而来，元代的崖州被、明清两代的崖州龙被以及妇女筒裙都是用棉、丝混合织造出来的，这说明黎族早已会养蚕。据调查，20世纪50—60年代乐东黎族自治县千家地区的哈方言抱怀人还在养蚕，用蚕丝织锦，如今在千家镇永益村还有一些妇女保存有用蚕丝和棉线混织的筒裙，海南省民族博物馆收藏一批棉线和蚕丝混织的妇女筒裙、崖州龙被等藏品。

纺织工艺流程

纺纱

黎族的纺织分为三个步骤，纺纱、染纱和织布。纺纱使用的工具是纺锤和纺车，染纱主要用植物液汁为染料，织布是用原始的腰机（踞腰机）和脚踏座式织机。

剥麻皮

在纺纱之前，必须对原料进行加工。比如麻类，要上山或到麻地砍麻，然后将麻皮从麻秆剥下来，使麻皮与麻秆分开；再剥去麻皮的外层表皮，留下内层纤维。然后进行煮麻与脱胶、漂洗与晒干，最后绩麻等工序。黎族对棉花的加工包括摘棉、脱棉籽和弹棉三道工序。

漂洗麻纤维

纺纱　纺纱是指将松散的麻纤维或棉花拧成线条并拉细加捻成纱线的过程。黎族纺纱有两种工具，一种是简易

脱棉籽

的纺锤，黎语称为“骂胃”或“胃告”。纺锤由纺轮和纺杆组成，纺轮是用陶质、木质或骨质制成的圆盘，直径一般为2.5~3厘米，厚0.20~0.40厘米，中间有一孔，有些地区用方孔钱作圆盘，孔是安装纺杆的位置；纺杆是木或竹制的直杆，上端装有一个倒钩或留有缺口，供定捻纱线之用。纺杆一般长30厘米左右。纺锤纺纱有以下几个分解动作（以棉花为例）：

第一步，先拿住一团弹松的棉花并扯出一段，用手捻成纱，缠在纺杆上；第二步，左手转动纺杆，使纺锤沿着逆时针或顺时针方向急速旋转，使粗线加捻成细纱，右手不断地将松散的棉花捻成粗线，并不断地延长纱线；第三步，在加捻之后，因外力已耗尽，纺锤开始向相反的方向回转，这时马上收住纺锤，防止倒转；第四步，用左手握住纺杆，将纺好的纱缠在纺杆上；最后将纱卡在倒钩或缺口处，起定捻的作用。然后再经过粗纱、加捻、绕纱等工序，不断循环下去，使纺纱连续下去，纱越纺越长。

弹棉花

妇女在纺纱

第二种纺纱工具是踏纺车，这是一种比纺锤效率更高的纺纱工具，黎语称“下非贝”。纺车由机头、传动轮、皮带、支柱、机架、脚踏杆和锭子等部分组成，并配有坐凳供纺纱者坐。机头由两块梯形木板构成，与机架相连，上有插锭子的凹槽；传动轮直径大小不一，一般是35~50厘米，由轮缘、中轴和辐条等到组成，辐条呈“丫”字形，供皮带镶入，一端连着轴心，轴心有木制和铁质两种；脚踏杆直径约4厘米，长约60~70厘米，一端呈圆锥头与传动轮相连；另一端有小穴，是支柱的位置。机架与支柱支撑传动轮和脚踏杆。纺纱时，纺纱者坐在凳子上手拿着弹松的棉花，先扯一段，用手拉捻成粗纱，并缠绕在锭子上，接着右手扶着锭子，左手捻着棉花，双脚登着踏杆逆时针转动，传动轮也随之做逆时针运动，通过皮带带动锭子转动，就可将棉花纤维捻成棉纱。纺好一段纱后再作顺时针运动把纺好的纱线缠绕在锭子上，并把纱卡在绽子卡口上使棉纱不能松散。然后再重复上述的工序，如此循环下去，使纱线连续下去。

导纱　将棉花纺成纱以后，不能直接用于织布，因为刚纺出来的纱因纺杆或锭子所缠的纱有限，在上经时纱线的跨度很大，易造成错乱，因此必须导纱以避免错乱；另外，刚纺出来的纱起毛，会打绞。黎族的导线工具是绕线架和绕线车等。线架因支系不同其大小不一，常见的造型主要有“工”字形、“干”字形

绕线

等，用竹质或木质制成。用绕线架导纱的形式因人而异，常见的绕成“8”字形，也有绕成圆圈形等等，没有统一或固定的导纱形式。

绕线车是由支架和两根线架组成的，支架是有脚的木桩或栽于地下的竹筒，而线架是由两根长约60厘米的竹片或木棒交叉成十字而成，线架的两端立有固定或活动的小柱子或椰子壳，供挂线之用，导纱时将纱线架套于支架上，用手推转线架就可以做360度的转动，将线缠在线架上，多了就挽成纱捆或团。

上浆　黎族将导好的纱线合成捆，放进锅里和“鸭板栗”一起加水煮熟后绞干，晒干便完成上浆工序。其作用：一是使棉纱柔软富有弹性，不易断；二是使棉纱的绒毛附在纱线上，利于上经穿箱和穿综；三是上浆后的纱线不易起毛，织出来的布匹，布面整齐光滑，质感好。

蓝草

染纱

黎族的棉纺织品，大都是将纱线染成所需的颜色以后，通过腰机织造而成的；只有少部分是用白色的素棉纱织成的。染色是黎族重要的纺织技艺之一，主要选用多种野生和培植的植物为染料，蓝、红、黄、黑、综等色是黎族妇女常用的颜色，它们的染法分别如下：

蓝色　以蓝草为原

料，黎族称之为“相”。将蓝草摘回来放进缸里用水浸泡，使之腐烂发酵泡出深蓝色液汁后剔出杂质，再配制草木灰汁液兑入其中搅拌均匀，将白色的棉纱放入染色，晾干就可，一般要经过4~5次，甚至几十次反复浸染、晒晾，方能达到染色的要求，即染色的预期效果。

黄色 以黄姜为原料，黎语称为“呀样”。将黄姜的根茎挖回，切成块并舂碎，用锅煮沸，析出色素，捞出渣后将要染的纱线放入浸染，并上下翻动使纱线浸染均匀，再浸泡30分钟左右，就可以取出纱线，晒干便完成染色。

红色 以“盼”树为原料，用刀将干、树皮砍成薄片，用锅煮使之析出红色素，并有一定的浓度后，将纱线放入染色，上下翻动使之着色均匀，再浸泡一段时间，取出晒干就可。

扎染 这是美孚黎和哈黎中抱怀小支系的一种染色方法，其制作工序：把纺好的棉纱作经线，紧缚在染架上，然后用黑色纱线在经线上打绞、结扎图案，制作者要以随心所欲在经线上结扎自己最想要的图案，然后将扎好的经线取下来放入事先备好的染料缸着色，染后晒干，一般要4~5次反复进行才能完成染色工序。解开所结的棉纱结就显出黑白斑花的经线，再用彩色的纱线在经线上织纬，这样就可以织成一幅美丽的彩锦，美孚黎妇女筒

美孚方言妇女在扎染图案

裙图案、哈黎的木棉被就用这种染织方法织成的。通常都将白色经线染成蓝色或黑色。

通过纺纱、上浆、染纱，使棉纱符合织布织锦的要求，就可以开始织布了。

织锦

黎族妇女个个都擅长纺织技艺，因此每家每户都备有纺纱用的纺锤、纺车，织布用的腰机。纺纱织布是妇女从事家庭手工业的主业之一，白天除了田间劳动之外，主要从事纺纱织布。织布一般在户外进行，房前屋后或树荫下都是纺纱织布的好地方。

腰机构造及功能 黎族的织机称腰机、腰织机或踞腰机。织机看起来不像我们平常所见到的机器，只是由几根木棒、木刀、竹签等组成，用布一裹就可以拿在手中。织机结构简单，但它包含了现代织机主要运动功能，能织出绚丽多彩的织锦品。织机有以下几个部件：

腰织机

撑经木，由两根圆棍组成，一根长约65厘米两头平的，黎语称“赛贪”；另一根长约50厘米一头尖的，黎语称“喂费”。撑经木供撑紧经线之用，织布时织布者两脚登其两端，张紧经线，使经线保持在同一平面上，织布才得以开始，是织机的重要部件之一。

分经木，黎语称“运隆”，是一头尖长约50厘米的表面光滑的圆木棍，供分经之用。撑经木将经线撑紧固定在一个水平面之后，在奇偶经线之间和上下经线之间必须用木棍来隔开，即是分经木，使经线分成上下两部分，形成面经和底经。我国少数民族腰机的分经木有两种：一种是刀式，亦称为分经板；另一种是圆棍式，黎族的分经木属于这一类。

综杆，黎语称为“喂后隆”，是用木棍或竹子制成，长短大小因人而异，一般长约45厘米，直径0.5~0.6厘米，供织布时经线进行交替，控制经线和纬线的织造变化，起到织布面的作用。

综杆和综眼组成了综，这是织机一个重要部件，在织造中是不可缺少的。

机刀，又称打纬刀或纬刀，黎语称“从隆”。它把纬线推向织口，并压紧纬纱的工具，因织纬而得名。用硬质木制成，有一定的重量，形如尖刀，背厚刃薄，刃部平直，长短不一，一般长60~80厘米。

梭子，黎语称“窟”，竹制的织纬工具，主要是起穿经引纬的作用。

卷布轴，是织机不可缺少的机件，用卷已织好的布，拉紧经线，使经线平稳，能继续织造下去。卷布轴由三根木棍组成，其中一根的两端制成“凹”字形口，这样便于捆绑腰带，黎语称“赛闷”；第二根是一头尖的圆木棍，黎语称“赛星”，与赛闷将布幅夹住，织布时不易滑动；第三根也是一头尖的圆棍，黎语称“赛坑”，如上述二根棍未能将布幅夹紧，再用其打绞就可以将布幅夹紧，同时张紧线。卷布轴固定在织布者的腹部前，利于边织边卷织好的布，其长度比织布者的腹部宽度长些。

腰带，是织布者腰间系的皮带，用动物皮、白藤或树皮制成。其两端有绳索分别绑在卷布轴的两头，这才能固定、控制卷布轴，拉紧经线，利于织布。

幅撑，撑布幅的竹棍，保持布幅的宽度一样。有些织布者织布时不用幅撑，而是用线来控制布幅的宽度。

提花综杆，黎语称“喂后忆”，起织造图案的作用。根据所要织的图案而设置综杆的多少，少则几根，多则可达60根，这些竹棍现用现砍，用后一般不保存。黎锦精美的图案是由这些竹棍控制经、纬线织造而成的。另外，在经线断时利于查找线头的作用。

提花刀，黎语称“从因”，与打纬刀的造型一样，只是比纬刀短而小，一般比所织布幅宽度长一些，约45厘米。其作用：一是提花，二是将彩色纬线推向织口，并压紧。在织造过程中使用率最高的机件，不可缺少的机件，否则织造者无法织锦。

织布（织锦）过程 黎族织布过程可分为两个步骤：一是上机，黎语称“冯”或“冯威”；二是变综织纬（织布），黎语称“吃”。其中上机又包括上经、解经、打综等工序。

第一步：上经（整经）

上经是上机的第一道工序，黎族的上经工具：一是“干”字形绕线架，二是两个长约35厘米两头尖的竹制夹子，黎语称“魏”。上经一般是一个人操作，要根据所要织的织物的长短和宽度，将经线上到绕线架上，如上经图所示，先将两捆线的线头连接在一起，然后挂1处，再按顺序从2→3→4→5→6→7→8→1绕线，第二轮绕完后，用夹子在1至8线段上打绞，第一个夹子将双线一上一下打绞，即第一轮双线朝下，第二轮双线朝上，如此循环下去，这个夹子起到经线断时易查找和定经的作用；另一个夹子按单经线一上一下打绞，即按奇偶数经线打绞，起到分经、定经的作用，夹子上方代表综杆，下方代表打纬刀；第三轮直接按双经上下和奇偶数在夹子上打绞，如此循环下去直到按织物所需要经线根数为止就可。

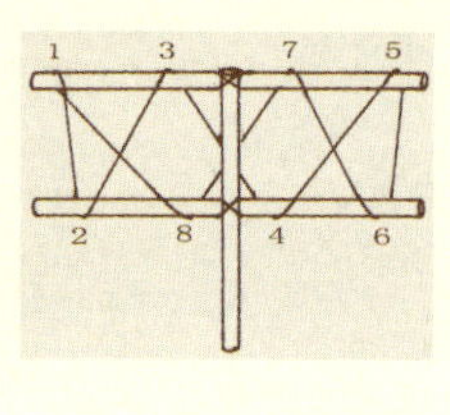

▲

腰织机

第二步：解经

解经是将经线从绕线架上解下来，并将腰机的各个部件装上去的过程。这必须有一个助手来协助才能完成解经工序。如左图所示，第一步，将“喂费”插入1处，并将经线从线架上解下来，再把“赛贪”装上去，用脚登其两端；一手拉紧经线，而助手依照顺序（2、8）→（3、7）→（4、6）将线从线架上一一解下来；5处是代表卷布轴，先将“凹”字形卷布轴插入5处再解下来，然后用夹棍夹住经线并将之卷短交给上经者，拉紧置于腹前。第二步用皮带拴住卷布轴的两端缠在织布者的腰间拉紧经线。第三步将打纬刀、分经木等机件装上去。

第三步：打综（穿综）

黎族腰机的综有织布综和提花综两种。织布综是用来提经和织底，其综眼有活动综眼和固定综眼两种拴法。活动综眼穿综时，将综杆置于面经上边，以线的一端系住杆头，然后一圈一圈缠线于杆上，每一圈系一根经线，边系边套经线进综眼；固定综眼是以线的一端系住杆头，一圈一圈系住固定的线圈，并排地垂在综杆下面供穿经线，系综眼和穿经线是同步进行。黎族的综多数是半综，也称单综，它是系住经线的奇数或偶数，可以完成一次提综开口，另一次开口要靠脚登撑经木张紧经线，同时要用纬刀来辅助完成。

▲

妇女在织锦

提花综是用来提织花纹图案，提花综杆要根据所织的图案纹样的简与繁，即花纹的复杂程度，设置提花综杆的多少，少则几根，多则数十根，最多可达60多根，花纹越复杂提花综杆越多。提花综的综眼一般采用固定综眼法打综，这样不容易错乱。同时也不是按奇偶数来打综，而是根据所要织花纹图案来打综，每根综杆的综眼数不一样，有多有少；每一综都使经线形成上下打绞，使经线从侧面看变成多层经纱。

第四步：变综织纬——织锦

黎族的织造工艺有两种，一种是织白色或蓝色的棉布，经、纬均是清一色的棉纱，经线、纬线的沉浮交替而织成的素面布，这种的织造工艺较为简单，织出的棉布质地也均匀。织布时织布者席地而坐面向经线，伸直双腿，双脚分别登撑经木的两端，腰缠皮带，使经面平直。织第一梭时利用上经时经线已经开口，将打纬刀立起扩大开口，接着将缠有纬线梭子从右向左或从左向右引纬而过，放平纬刀，用双手分别握住纬刀的两端用力压纬线；第二梭是将分经木向前推，一手提起综杆使经线形成第次开口，一手取出纬刀并插入开口，然后立起纬刀使之开口扩大，再将梭子从左向右或从右向左引纬，放平纬刀用力压纬；第三梭利用经线的张力形成的开口，取出纬刀插入开口并使之扩大，引纬刀压纬就可。如此一上下交替，每一次提梭引纬，奇数和偶数经线轮流交替成为面经和底经，持续不断地进行下去便可以织成布帛。通常是织素面布，主要是白色、黑色和蓝色的布帛。

第二种是织锦工艺，是属于混织品织造技术，十分的复杂，涉及通经断纬的提花技术。黎族的纺织品大多数属于这类织锦品，都是先将纱线染色后织锦。腰机要织花纹图案就必须增加提花综，用来提综织花；织布综主要是用来织底，两种综同时交替使用共同完成织造任务。织锦工序：第一梭织底成，黎语称“思咩”，立纬刀，引纬压纬；抽出纬刀，提第一根提花综杆，经线开口，穿入彩色纬线，压纬，完成第一次提花，黎语称“思凡”；第二梭织底布，后提第二根提花综杆，引入彩色纬纱，压纬，完成第二次提花织造；第三梭织底布，提第二根提花综杆，引入彩色纬纱，压纬；第四梭织底布。如果花纹图案复杂，提花综杆可达60根，那么织造成时必须按顺序从1~60提织花纹，再从60~1倒织花，如此循环下去，直到织锦完成。每一次提综织花时必须用提花刀来辅助。混织技术最复杂最难织的是单面织，这类织物正面是花纹图案，反面则是素面的，通常是白色或蓝色。

第五步：绣

绣是黎族织锦工艺之一，织锦品绝大部分是用腰机织造出来的，如人纹龙被、筒裙、头巾等，但有一些织锦物其主体部分是织造的，而中间的若干局部的图案，则要用刺绣来完成，这类织锦品有双面绣和单面绣两种。单面绣以崖州龙被、衣背图案、夹牵式筒裙图案为代表；双面绣以白沙润黎的人龙锦为代表。

绣 ▶

它们是织绣结合的产物，是织锦中的精品，织造工艺精湛，图案美观悦人。

织锦图案艺术特点

在长期的社会生活经历中，黎族妇女把对自然的热爱和民间传说中所反映的美好境界的向往，全都汇入了织锦图案艺术中去，人、自然景物和传说中的吉祥或美好形象物始终是她们织锦图案的主题，由此形成了织锦图案的艺术特点：

▲

龙凤朝阳鱼跃图三联幅崖州龙被

第一，图案的抽象性。织锦图案，主要是反映黎族人民生活环境的自然形象，并通过夸张和变形的工艺创作手法，使自然形象成为适用制作的抽象形象。抽象主要是指不如实、具体地描绘实物的原本形象。织锦图案多以直线、平行线、方形、三角形、菱形等组成几何纹样，表现抽象的物的形象，这种经过考究的图样轮廓，有很强的装饰品位，适合手工制作。在长期的织锦和艺术造型创作中，黎族妇女养成了对自然物美化取舍的审美意识，这是完成自然物至图案艺术形象形成的创作过程。黎族妇女在观察大自然界，把人物、动物、植物、生产生活用具以及日月星辰等自然物加以变化，构织在织锦图案上，从而使图案艺术升华，具有较高的艺术水准。

▲

八卦图三联幅崖州龙被

第二，图案的具象性。具象，一般是指如实地反映物象的外形，包括人们心目中定形的鬼或神的形象。织锦图案的具象性是在相对形似的基础上，稍有艺术加工而使图案具有装饰性，常见的具象性图案有人、龙、马、牛、羊、鸡、鹿、黄猄、花草等。据笔者的调查黎锦织物图案有一百多种，其中五十多种是具象图案，这些具象图案主要是反映人们心目中较为定型化的物象，使人一看便知是何种物象的转化，大部分是人和动物的形象。当然，织锦图案的具象性由于受工艺手段的制约，并非能织绣出所指物象概念来等同代之，织锦图案的具象还带有一些几何性质的隐象。

黎族有自己的语言，却没有自己的文字（1957年创作过黎文，但未推广与应用）。织锦图案无疑是本民族文化主要的记载

润方言服饰鸽子纹

婚礼图

形式之一，它较为完整地记录和反映黎族先辈们对自然景物的认识，黎族社会发展的历史轨迹及文化创造的过程，是一部活生生的历史画卷。

第三，图案的内容。黎族妇女服饰图案装饰，不仅是图案造型具有美观的可视性和艺术性，而且还寓意着黎族人民的传统文化习俗和感情。黎族织锦各种图案中，以人物图案最多，是黎族妇女织锦的主体纹样，主要是描述宗教活动、生产活动、家庭生活、爱情婚姻以及庆丰收的场景等。从某种意义上来说，人纹是黎族社会生活历史的缩影，甚至是黎族传统文化的核心。如《祭祀图》是反映宗教活动的图案；《狩猎图》和《纺织图》是反映黎族男猎女织生活；《婚礼图》则是反映黎族民间婚礼习俗的场景，还有《祝寿图》《农耕图》《庆丰收》等都是反映黎族社会的现实生活，一幅织锦图案就是一幅黎族人民生活的写照。因此，织锦图案对我们研究和了解黎族传统文化习俗及其社会历史的发展都是有独特的研究价值和收藏价值的。

第四，图案的工艺特色。织锦图案作为民间工艺美术品，最讲究色彩的运用，其主要是以黑色线或深蓝色为底经，即经线；交叉织进红、黄、白、紫、粉红、棕色等色线，即纬线。黎族织锦是采用通经断纬的织造方法来改变图案的颜色，通常以红、黄、白、棕色、咖啡等色线为主色线，因经、纬线对比色关系使织锦图案显得艳丽多彩。

织锦图案绝大部分织造而成的，但也有的一些织锦品其主体图案是织造的，而图案中间的若干局部则需要用刺绣来完成，主要体现在妇女服装服饰、崖州龙被等织锦品，它是织锦工艺结合的产物。

第五，织锦图案的构图特点。织锦图案的构图，一般是由母体图案和子体图案组成，通常母体图案在幅图的中心位置，子体图案绕母体图案分布在周边。大部分的织锦图案都以人纹为母体图案，黎族人民认为人与自然界有着密切的关系，同时，又强调了人是自然界的主宰者，体现以人为本的理念。如筒裙上的《狩猎图》，其母体图案是猎手举枪射击奔跑中的猎物，围绕这个中心，周边织些树木、花草、山峰等作为装饰环境，描绘了黎族打猎的动人场面，说明了狩猎是古代黎族的经济来源之一，也是说明了在历史上黎族曾经是个从事狩猎的民族。又如筒裙上的《婚礼图》其母体图案是轿夫抬新娘轿，轿前有高举火把在前面行路的人形纹样，轿后织有送亲的人纹队伍，还有跳舞奏乐的人纹等都是子体图案。图案把黎族婚礼习俗中的“迎亲”“送亲”以及“送彩礼”等情节集中构织在织锦图案中，它描绘了黎族民间婚礼的场面，其场面热闹壮观，内容丰富，充分显示了黎族妇女精湛的织绣技艺及深厚的艺术造诣。

总之，织锦图案的构图有两大特点：一是母体图案突出，子体图案陪衬和谐，主次分明，结构缜密。二是母体图案一般是以人纹为主，自然物或神物是在子体图案中，即织锦图案中具有重人轻物的特点。

▲

哈方言人纹

（大力神）

▲

润方言人纹

（大力神）

织锦图案艺术风格

艺术风格是人们进行艺术创作在人脑中的反映，体现时代精神、民族性格及个体创作精神。黎族织锦艺术是黎族在长期社会生活过程中提炼和创作出来的一门艺术，反映了黎族在热带海岛的时代风格、民族风格和个体的创作风格。

时代风格

每一个民族的艺术风格，在不同的时代、不同的社会背景，有其不同的艺术风格，并打上时代的烙印，与其所经历的社会生活是相适应的，有显著的时代特征。黎族数千年以来生活在海南岛，特别是经历了漫长的原始社会生活，其织锦艺术在这个阶段得到萌芽、产生和发展，并保留浓厚原始社会艺术形态的色彩，原始宗教信仰体现得淋漓尽致，织锦艺术表现为古朴、粗犷，祖先崇拜、万物有灵的特点。从古至今，海南岛上的社会经历了原始社会、奴隶社会、封建社会、社会主义社会等几个阶段社会变迁，黎族社会或多或少受汉文化影响，其各类艺术受一定影响，但其艺术风格依然以原始艺术形态为主，崇尚黑色、红色。黑色表示庄重、永久、吉祥，黎族大部分的织锦品以黑色线为底经；红色表示热情奔放、生命之源泉，黎族男子以红布巾缠头、扎红腰带，妇女的筒裙以红色为主体纹饰，上衣的花边、对襟处以红色线为装饰，体现了黎族人民对美、对艺术的追求和理解。

民族风格

黎族生活在热带海南岛，其织锦艺术有独特的艺术表现形式，不同于其他民族的艺术形式，人物纹样是黎族织锦艺术的母体图案（主体图案），其他的纹样围绕这个中心展开，体现黎族审美意识、文化习俗、宗教信仰、生活风貌等。黎族有五个分支系，每个支系下又分为若干小支系，无论是大支系还是小支系都以人纹为主体图案，主要体现在妇女的筒裙、上衣的下摆处，哈黎表现为细腻、整洁，润黎粗犷、大气，杞黎、赛黎古朴粗犷，美孚黎以扎染的方式表现人纹，古朴庄重、撼人心魄。人纹是黎族祖先崇拜、以人为本的精神体现，是民族性格的体现。

个体创作风格

黎族有诸多分支系，每个支系的妇女的织锦所表现出来的艺术形式不同，各有各的风格和特点。同一个主题，由同一个支系同一个家族（血缘集团）、不同的妇女个体来操作，其织造出来的图案也不尽相同，没有两件织锦品是一模一样的，这主要是受两个因素制约：一是手工工艺制作影响；二是织造者对艺术的理解和表现形式差异。可见，黎族织锦艺术体现出显著的个体创作风格和特征。

第六章
肌肤上的敦煌壁画——文身文化

黎族文身是人类族群中一种罕见的文化现象，其历史悠久，自秦汉以来就有文字记载。文身是黎族母系氏族社会的遗存，是母权制的产物，是自然崇拜、祖先崇拜、图腾崇拜的艺术结晶，是黎族族群的重要标志。目前，黎族一些老年妇女身上还保留着文身的印痕，这些刻画在人体上的斑斓图画，为黎族的历史增添了璀璨的色彩。

文身习俗概述

文身是一种内涵极为丰富的人类古老文化现象，这种有计划地刺破肌肤，原始染色工艺的体现，展现了人类精神信仰中最灿烂的一面，也是我们至今难以解读的神秘文化现象。

中国文身的民族众多，而且历史悠久，在新石器时代就已有文身现象。

黎族文身起源母系氏族社会，直到20世纪80年代初期润方言黎族还有一些妇女文身，妇女仍然保持着完整而系统的文身习俗。目前除了赛方言黎族之外，其他4个方言60岁以上的大部分妇女都曾文身。

黎族有五大方言，每个方言妇女的文身都有自己相对统一的纹样，但其内部因居住不同的地域、不同的血缘集团和宗族而有着相互区别的纹样。从总体上看，哈方言妇女、润方言妇女和美孚方言妇女的文身纹样最精彩，而且文身的习俗保持最长久，图案非常精美绝伦，古风最浓厚；杞方言黎族妇女的文身图案较为简单，主要在脸部和手臂；赛方言黎族妇女解放后就不文身了。由于文身的部位多，必须分阶段进行，因而年龄越大的妇女其文身的部位多，且纹样越丰富越完整；年龄小的妇女其文身的部位少，纹样也相对不太完整。

文身的部位

黎族妇女文身的部位因方言、居住地域不同而有所不同，润方言黎族妇女文身的部位包括脸部、颈部、背部、胸部、手部、臂部和腿部，是文身部位最多的一个方言，属于全身型文身；美孚方言黎族妇女的文身部位包括脸部、颈部、胸部、手臂、脚部和腿部（小腿），属于全身型文身；哈方言黎族妇女文身的部位主要是脸部、颈部、胸部、腹部、手臂和腿部；杞方言黎族妇女文身的部位主要是脸部、颈部、手臂。总体而言，黎族妇女文身的部位共有9处：

脸部　这是最重要的部位，各个方言不相同，它是各个方言

（血缘集团）的标志，以及女孩子成年的标志，纹样从眼角到颏部及耳侧，以线形纹为主，有双线和单线之分，额头不文，这是各方言的共同点。

颈部 纹样把脸部纹样和胸部纹样连接起来，起连接的作用。美孚方言、润方言和哈方言黎族的颈纹最为精彩，以直线纹、弧线纹和星点纹为主。

胸部 纹样从颈部延伸至胸部，有些止于两乳峰之间，有些经胸部止于腹部上方。

腹部 只有哈方言黎族中的罗活人、抱由人、抱曼人和抱环人从颈部经胸部延至肚脐。

背部 只有润方言黎妇女文背部，纹样从耳后及颈部延至背部的中间。

臂部 从肘弯至手腕，润方言黎族、美孚方言黎族和哈方言黎族文满纹样，杞方言黎族的纹样较为简单。

手部 纹样见于手背，润方言黎族、哈方言黎族和美孚方言黎族妇女文背。

腿部 纹样在大腿小腿上，润方言黎族妇女从踝骨至大腿根处文满纹样，美孚方言黎族、哈方言黎族大多数人从踝骨文至胫中，少数人文至膝盖上。

脚部 纹样见于脚背，只有美孚方言黎族妇女文脚背，其他方言没有文脚背。

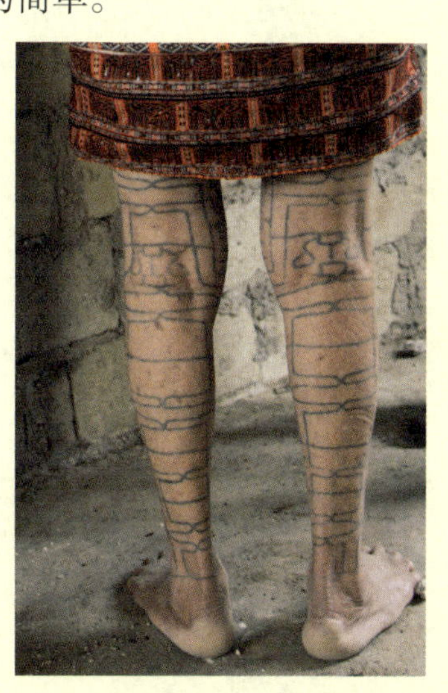

润方言妇女文身纹样

文身的时间和工具

文身均选在每年的农历一月、十月、十一月、十二月，这段时间天气凉爽，利于伤口的愈合。文身时，先用黑灰汁在受文身者的脸上和受文的部位画纹样，再用藤刺沿着纹样刺，藤刺刺破皮肉，再用黑色染料渗进去，过四五天后伤口就开始脱痂，并呈现出清晰的青蓝色花纹。

文身的年龄

女孩子通常是进入青春期，一般是十二三岁时开始文身，逐年进行，直到出嫁前全部完成。一般从脸部开始文起，接着文颈部、胸部、腹部、臂部、腿部和手部。一年文一至两个部位，文身过程要花的时间少则一两年，多则近三四年，美孚方言黎族、润方言黎族和哈方言黎族所花的时间相对多，杞方言黎族所用的时间相对少些。解放后文身习俗被革除后，有些妇女未能完成文身，因此目前在60岁以上不同年龄的黎族妇女身上还能看到不同层次的文身纹样，年龄越大纹样越丰富精彩，文身图案越完整。

文身的纹样

文身遵守祖先沿袭下来的本氏族特有的纹样，“祖有定制，行有定法，依样葫芦，毫不敢讹。”其纹样以平行双线纹、弧线纹、直线纹、圆圈纹和星点纹等几何纹为主，构成具象图案——人纹、人娃复合纹样，是黎族妇女文身的主体纹样，但各方言有自己的特点和表现风格。这是祖先崇拜的最深层的表现，具有浓厚的宗教色彩。

黎族是我国所有文身的民族中，文身习俗最古老，持续的时间最长，其形态、纹样保持得最完整和文化内涵最丰富的民族之一。

各方言图案与解读

哈方言文身

黎族五大方言中以哈方言的人数最多，分布最广，主要分布在陵水、三亚、乐东、东方、昌江、白沙、五指山、琼中、保亭等县市；其内部因语言、服饰、文身图案等方面差异而分为罗活、哈应、抱怀、抱由、抱环、抱曼、只贡、志强、哈恨、哈日、否现、尼下（德霞）等12个分支系，具体分布如下：

罗活人　主要分布在海南省乐东黎族自治县、昌江黎族自治县、东方市、白沙黎族自治县、五指山市、保亭黎族苗族自治

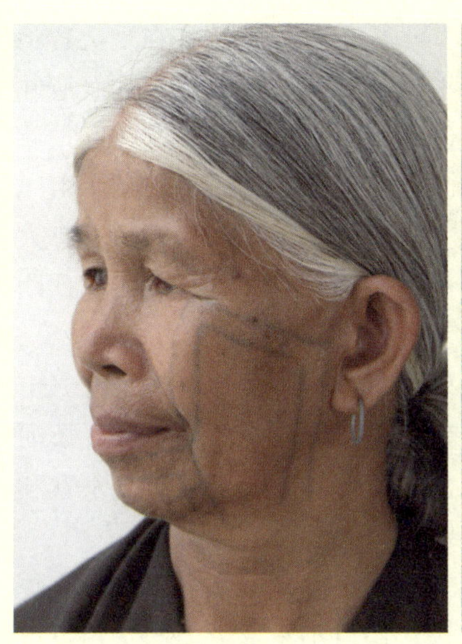

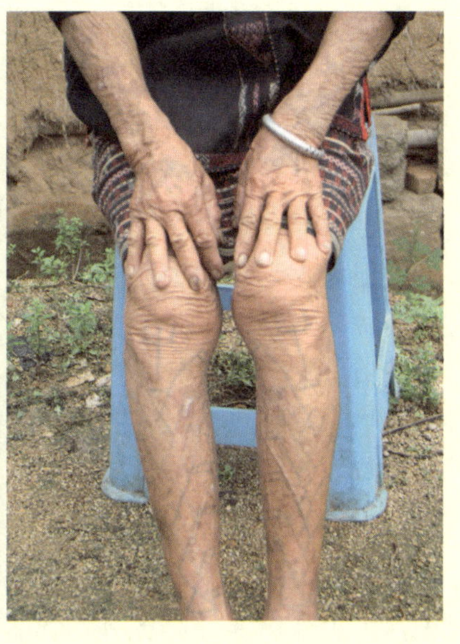

哈方言罗活妇女文身纹样

县、三亚市等县市，其妇女文身的部位主要是脸部、颈部、胸部、腹部、手臂和腿部（小腿及膝盖），属于全身型。妇女一般从十二三岁开始文身，在出嫁前文完身，多选在每年农历九月份，天气凉快，伤口不易发炎，利于伤口愈合。文身时先用木炭或“蒙”（墨水）画脸谱，然后用白藤刺在文线上拍打，刺破肌肤，并喂上锅底灰为染料的汁液，先文脸部后手部，四五天后伤口脱痂，露出清晰的纹样。文身的主要原因：一是怕死后祖先不认，会成孤魂野鬼；二是因祖先崇拜需要父母亲要求而文身；三是本家族标志；四是文身才能嫁人，才有人愿意娶你为妻。

哈应人 主要分布在海南省陵水黎族自治县、三亚市、乐东黎族自治县、东方市、昌江黎族自治县、白沙黎族自治县、儋州市、保亭黎族苗族自治县等市县，其妇女文身的部位主要是脸部，女孩子从十、十一岁开始文身，在出嫁前文完身，多选在每年农历八九月份，天气凉快，伤口不易发

哈方言哈应妇女文身纹样

炎，利于伤口愈合。文身时先用木炭或“蒙”（墨水）在受文者脸上画脸模，然后用白藤刺在文线上拍打，刺破肌肤，擦去血液并喂上“象搭”（黎话音译）染料（田间的一种植物），过四五天后伤口脱痂，露出清晰的纹样。文身的主要原因：一是怕死后祖先不认，成孤魂野鬼；二是如你不文身大家认为你是汉人，没有人愿意娶你为妻，你也无法嫁人；三是因羡慕同伴文身而文身；四是因父母亲要求而文身；五是本家族或血缘集团的标志。

抱由人 主要分布在海南省乐东黎族自治县抱由镇，东方市东河镇、大田镇、天安乡（公爱地区），昌江黎族自治县叉河镇，其妇女文身的部位主要是脸部、颈部、胸部、腹部、手臂和腿部（小腿及膝盖），属于全身型。

女孩子一般从十二三岁开始文身，在出嫁前文完，多选在每年农历十月份文身，这时天气凉快，伤口不易发炎，利于伤口愈合。文身时先用木炭或“蒙”（墨水）画脸谱，然后用白藤刺在文线上拍打，刺破肌肤，并喂上“蒙”为染料，文身部位是从脸部→颈部→胸部→腹部→手部→腿部，每年文一两个部位，分两三年文完，刺文四五天后伤口就开始脱痂，露出清晰的纹样。按抱由人的习俗，家中如有几个女儿，那么最后一个女儿必须全身文身，从脸→颈→胸→腹部→手部→腿部（小腿），最后从腹部两侧回到肚脐，肚脐为会合点。文身的主要原因：一是怕死后祖先不认，成孤魂野鬼；二是因羡慕同伴文身而文身；三是因美丽而文身；四是因父母亲要求而文身；五是本家族标志。

哈方言抱由妇女文身纹样

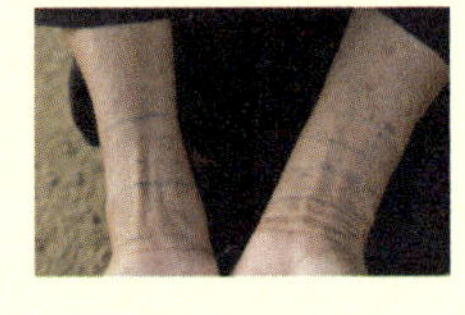

抱环人 主要分布在海南省乐东黎族自治县抱由镇、东方市东河镇与大田镇等地区，其妇女文身的部位主要是脸部、颈部、胸部、腹部、手臂和腿部（小腿及膝盖），属于全身型。

女孩子一般从十二三岁开始文身，在出嫁前文完，多选在每年农历十月份文身，秋季天气凉快，伤口不易发炎，利于伤口愈合。文身时先用木炭或“蒙”（墨水）画脸谱，然后用白藤刺在文线上拍打，刺破肌肤，并喂上“蒙”为染料，文身部位是从脸部→颈部→胸部→腹部→手部→腿部，每年文一两个部位，分两三年文完，刺文四五天后伤口就开始脱痂，露出清晰的纹样。文身的主要原因：一是怕死后祖先不认，成孤魂野鬼；二是因羡慕同伴文身而文身；三是因美丽而文身；四是本家族标志。

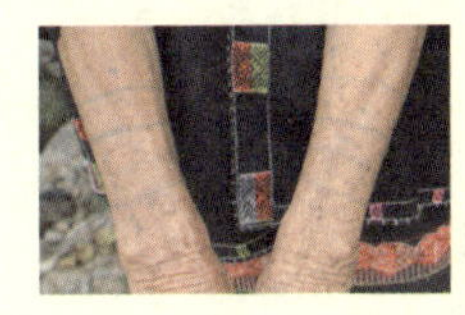

哈方言南美妇女文身纹样

只贡人 主要分布在海南省乐东黎族自治县大安镇、昌江黎族自治县叉河镇、东方市东河镇广坝地区、琼中黎族苗族自治县黎母山镇等地区，其妇女文身的部位主要是脸部、手臂和腿部（小腿及膝盖），属于半身型，衣服没有盖住的部位都要文身。

女孩子一般从十二三岁开始文身，在出嫁前文完，多选在秋季，天气凉快，伤口不易发炎，利于伤口愈合。一般在上午施文分二三次文才能完成，每次文一两个部位。文身时先用木炭或“蒙”（墨水）画脸谱，然后用白藤刺在文线上拍打，刺破肌肤，并喂上染料，先文脸部后文手部和腿部，四五天后伤口脱痂，露出清晰的纹样。文身的原因：一是怕死后祖先不认，成孤魂野

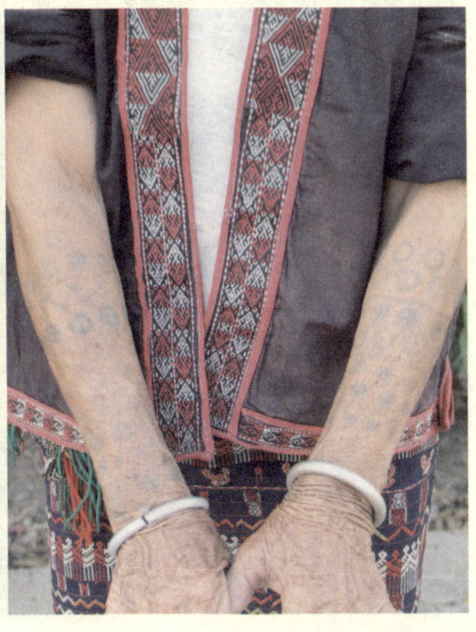

哈方言只贡妇女文身纹样

鬼；二是因羡慕同伴文身而文身；三是本家族标志。

哈恨人 主要分布在海南省乐东黎族自治县志仲镇、三亚市崖城镇、东方市大田镇、昌江黎族自治县叉河镇等地区，其妇女文身的部位主要是脸部和手臂。女孩一般从十二三岁开始文身，在出嫁前文完，多选在农历九月，天气凉快，伤口不易发炎，利于伤口愈合。文身时先用木炭或“蒙”（墨水）画脸谱，然后用白藤刺在文线上拍打，刺破肌肤，并喂上染料，先文脸部后手部，四五天后伤口脱痂，露出清晰的纹样。文身的原因：一是怕死后祖先不认，成孤魂野鬼；二是因父母亲要求而文身；三是本家族标志；四是文身才能嫁人，才有人愿意娶你为妻。

▲

哈方言哈恨妇女文身纹样

抱怀人 主要分布在海南省三亚市崖城镇梅山地区、乐东黎族自治县千家镇、东方市大田镇，其妇女文身的部位是脸部，现在已不文身了，但保留文身的习俗，有以下体现方式：一是结婚时新娘子将木炭或电池芯别在腰间（筒裙头部）代表文身，婚礼方能进行，新娘才能举行“旦涛”（音译）仪式，即新娘搭锅煮饭仪式；二是妇女过世，入殓时用木炭在脸上画纹样，代表文身，这样祖先才认其为子孙，灵魂才能入祖归宗，否则会成为孤魂野鬼。

哈方言抱怀人文身纹样 ▶

南美人 主要分布在海南省乐东黎族自治县抱由镇南美村委会南美村，其妇女文身的部位主要是脸、颈、胸、腹、手、腿。女孩一般从十二三岁开始文身，在出嫁前文完，多选在农历九月，天气凉快，伤口不易发炎，利于伤口愈合。每个女孩子分二三次文才能完成，每次文一两个部位。每次约需半天时间，一般在上午施文。文身原因：一是怕死后祖先不认，成孤魂野鬼；二是氏族标志；三是因美丽而文身。文身报酬：杀一只白鸡，请文师吃一餐饭，含有洗净脸擦亮眼睛之意。

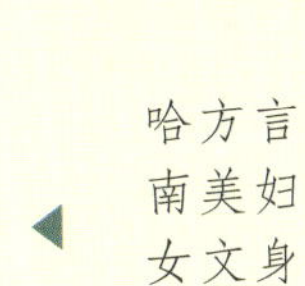

◀ 哈方言南美妇女文身纹样

杞方言文身

黎族五大方言中杞方言黎族的人数仅次于哈方言，分布地区也非常广，主要分布在五指山、琼中、保亭等县市，少数分布在陵水、三亚、乐东、东方、昌江、白沙、万宁等县市；其内部因语言、服饰、文身图案等方面差异，也分保亭、五指山、陵水大理、琼中什运、琼中红毛、昌江王下等分支系，其妇女文身的部位主要是脸部、手臂，妇女一般从十二三岁开始文身，在出嫁前文完，多选在每年农历十月份，天气凉快，伤口不易发炎，利于伤口愈合。文身时先用木炭或“蒙”（墨水）在文身部位画纹样，然后用白藤刺在文线（路）上拍打，刺破肌肤，并喂上锅底灰（黑色）为染料或麻枫果烧成烟炭调配的染料，先文脸部后手部，四五天后伤口脱痂，露出清晰的纹样。文身的原因：一是怕死后祖先不认，成孤魂野鬼；二是因

◀ 杞方言妇女文身纹样

父母亲要求而文身；三是本氏族的标志。

美孚方言文身

黎族五大方言中美孚方言黎族的人数排在第三位，主要分布在昌江黎族自治县的石碌镇、七叉镇、十月田镇、乌烈镇和东方市江边乡、大田镇、东河镇等地区。他们服装服饰、语言、文身纹样等生活习俗相对统一，地区性差异不大。其妇女的文身部位包括脸部、颈部、胸部、手臂、腿部、手部和脚部，属于全身型文身，纹样以线纹和点纹为主，各地区或家族文身构图基本相同，某些局部略有区别。

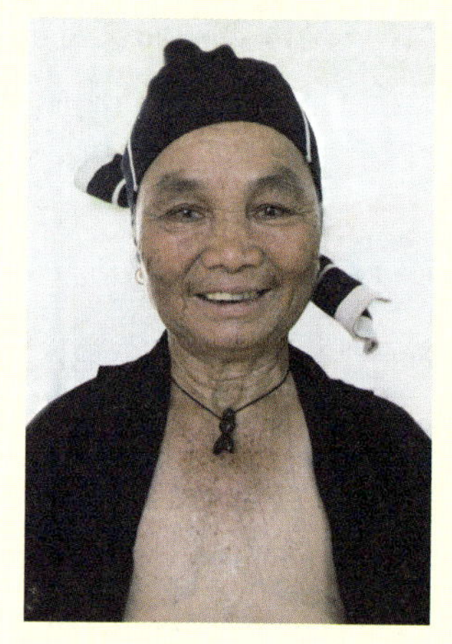

美孚方言妇女脸部文身纹样

妇女一般从十二三岁开始文身，个别十五六岁开始文身，在出嫁前必须文完，多选在过春节后，农历一二月份文身，农闲，天气凉快，伤口不易发炎，利于伤口愈合。文身时先用木炭或"蒙"（墨水）在受文者文身部位绘画纹样，然后用白藤刺在文线上拍打，刺破肌肤，并喂上染料，文身部位是从脸部→颈部→胸部→腿部（小腿）→脚背部→手背部，一年文一两个部位，分两三年文完，有些妇女怕痛则需要时间长一些。刺文四五天后伤口就开始脱痂，露出清晰的纹样。文身的原因：一是怕死后祖先不认，成孤魂野鬼；二是因羡慕同伴文身而文；三是因美丽而文身；四是因父母亲要求而文身；五是本家族的标志。

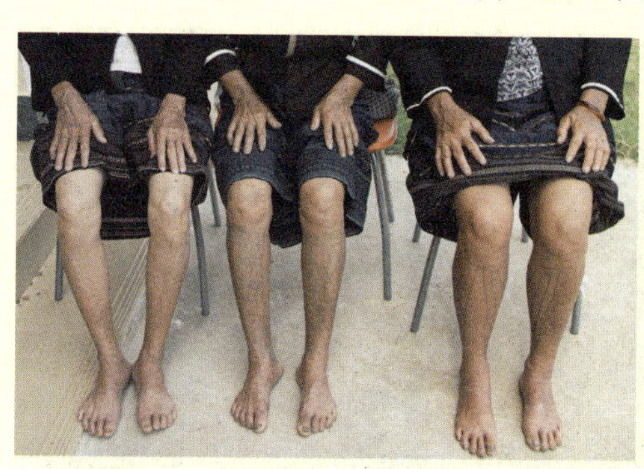

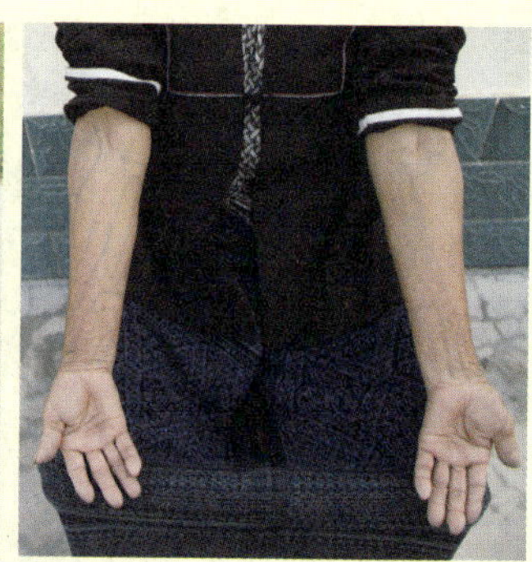

美孚方言妇女腿部及手臂文身纹样

润方言文身

黎族五大方言中美孚方言黎族的人数排在第四位，主要分布白沙黎族自治县的牙叉镇、元门乡、南开乡、细水乡镇等地区。他们服装服饰、语言、文身纹样等生活习俗相对统一，地区性差异不大。其妇女的文身部位包括脸部、颈部、胸部、背部、手臂、腿部、手部和脚部，属于全身型文身，是黎族文身最为壮观的方言，其纹样以线条构成为主，各地区或家族文身构图基本相同，只在某些局部略有区别。

润方言小孩一般从十、十一岁开始文身，个别姑娘十七八岁开始文身，在出嫁前必须文完身，施文时间一般选在秋季，天气凉快，伤口不易发炎，利于伤口愈合。每个女孩子分两三次文才能完成，每次文一两个部位。一个月文一个部位，脸、背、脖子、腿在十六七岁文完，脸部、手部和腿部花的时间较长些，每次施文约需半天时间，一般在上午施文。文位顺序：脸部（4—5天）→背部、颈部、胸部、（4—5天）→腿部、脚部（2天）→手部（2天）。各部位施文间隔时间因人而异，有15天，也有30天，也有更长一些时间。

纹样以蛙纹、人纹、草帽纹为主。刺文六七天后伤口就开始脱痂，露出清晰的纹样。文身的原

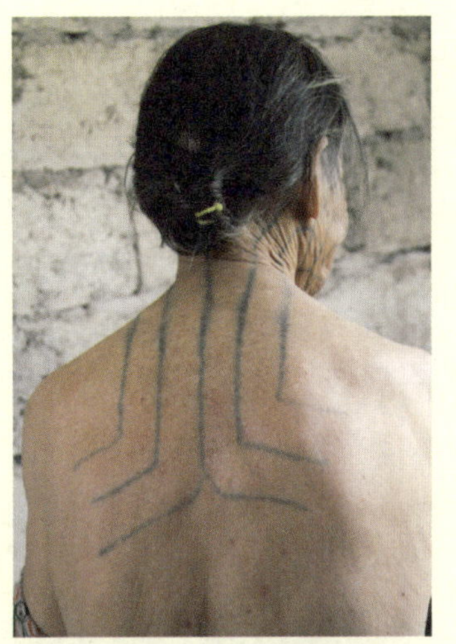

润方言妇女背部文身纹样

润方言妇女手臂文身纹样

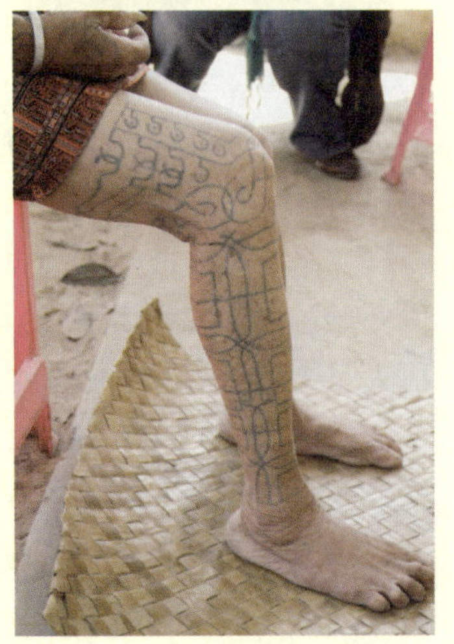

润方言妇女腿部文身纹样

因：一是怕死后祖先不认，成孤魂野鬼；二是本家族的标志；三是怕坏人抢去当奴隶或长工；四是因美丽而文身；五是因父母亲要求而文身；六是因羡慕同伴文身而文。

施文地点在屋边或谷仓边，以白藤刺为工具，油桐树果、核桃籽烧成灰和水捣烂合成汁为染料，以一小藤萝米或两捆山糯米稻谷为报酬，同时杀一只鸡（洗净脸擦亮眼睛之意）宴请文师吃一餐饭。

文身文化内涵

黎族妇女文身是黎族社会在一定历史时期内一种内涵既丰富又复杂的文化现象。笔者通过多年深入黎族村寨进行田野调查和对这种文身习俗的研究，其文化内涵归纳起来有以下几种：

一是文身是氏族或血缘集团（家族）的标志。黎族有五大方言，每个方言的文身纹样都不一样，具有相互区别的作用，是氏族成员、血缘集团与图腾认同一体化的直接表现，这样使氏族成员人人必须文身，只有本氏族成员才有权使用的图案，别的氏族不得假借，同时另外的家族也不会假借别人纹样，这种互不假借性亦是原始文身的重要特质，也是凝集力的体现。

二是祖先崇拜与宗教信仰的体现。文身是祖先崇拜的直接体现，每个方言的妇女都认为如果生前不文身，死后无法认祖归宗，到阴间会成为孤魂野鬼，无法保佑阳间的亲人；文身作为一种直接雕刻、绘画在人体上的信息符号，文身行为本身沟通了人的灵魂与肉体，人的属性归化于精神信仰，祖先烙印深深刻在每个成员的心中，割舍不掉，挥之不去。

三是女孩子成年的标志。黎族妇女文身绝大部分都在十、十一岁开始施文，文的是娘家纹样，文身才能得到社会成员认可你已成人了，并获得参加社会各种社交活动，如祭祀、丧礼等宗教习俗活动，因而它是女孩子成年的标志。

四是婚姻的标志。黎族女孩在文完身后，才能获得恋爱的权利，嫁人的资格，有性的吸引力，男人才愿意娶她为妻，因而具有婚姻的标志。

五是美的象征。文身具有装饰功能，通过调查发现大部分黎族妇女是因为同伴文身而去文身，是因美丽而文身，因而具有美的功能。

六是怕坏人或别的部属抢去当奴隶或长工，因而文身是加固身份和受家族保护的重要标志。

知识链接 **文身故事** 黎语哈方言传说，流行于海南省乐东黎族自治县抱由、山荣地区，相传很久以前，有一位姑娘长得很漂亮，能歌善舞，小伙子们谁都想与她共舞，累得她汗流浃背。于是她想出一个办法，在自己和同伴的脸上、手上、脚上画上纵横交错的图案，使小伙子们辨别不出她。舞后，姑娘们觉得文身的比不文身的更美丽，从此就开始了文身习俗。

第七章 独具特色的民间艺术

黎族长期生活在海南岛上，根据自己身边的生存环境和生活条件，为满足自己的生活和审美需求，而创造具有民族特色、地方特色的艺术和艺术品。多以天然材料为主，因地制宜就地取材，以手工方式制作，带有浓郁的地方特色和民族风格，与民俗活动密切结合，与生活密切相关。

民间艺术是以家庭为生产单位，以父传子、母传女、兄弟相传、姐妹互传的方式代代传承。

无纺布制作工艺

人类在长期的社会生活中，从开始学会用树叶、草条等以串挂或拴挂的方式披在身上，以遮身蔽体、挡风御寒，人类原始服饰开始萌芽，到学会树皮（植物纤维）、兽皮、鱼皮等作衣物，这是人类真正服饰的出现。树皮布到底产生于何年代，是由哪些人最早学会这门技艺，现无从考证，但有一点可以肯定树皮布是人类最早用于作衣物的“布”料。

树皮布是一种无纺织布，是以植物的树皮或纤维为原料，经过砍剥树皮、浸泡、捶打、漂洗、修整、压平等技术加工制成的布料。它不是纺织品，在纺织技术发明前是人类制作衣物的一门手工技艺。

黎族是最早学会制作树皮布的民族之一。由于黎族是只有语言没有文字的民族，尤法考证其发明制作树皮布的具体年代，但可以从汉字史料记载中了解黎族制作树皮布的悠久历史。宋乐史《太平寰宇记·岭南道十三》记载：“琼州风俗：有夷人号曰生黎，巢居深洞，绩木皮为布。”清张庆长《黎岐纪闻》记载：“生黎隆冬时取树皮捶软，用以蔽体，夜间即以代被，其树名加布皮，黎产也。”清代《琼州海黎图》15幅册页画册，描绘了清代黎族生产生活的场景，其中纺织图文字说明：“蚕桑绩之法为黎所弗谙，其地惟产木棉一种，春花夏实。黎妇采子取棉，以手足纫线，染成绚烂色，织为吉贝。盖犹民之有缟纻也，其次则素色者较麻少麄，再次则仅缝树皮以为障蔽而已。”

黎族生活在热带地区，属于热带海洋季风气候，是我国热带植被资源最丰富的地区，也是热带植被保存最为完整的地区之一。据统计，全岛共有维管束植物4 600多种，其中属于纤维类资源的植物有百余种，比如火索麻、羊蹄麻、葛麻、纻麻、海岛棉、草棉、木棉、蕉麻、竹、藤等。丰富的植物资源，这为黎族妇女利用植物纤维提供先决条件。在远古时期，黎族的先民已掌握制作树皮布技艺，这种技艺与树皮布在黎族地区代代相传，从远古一直传承到今天，已经有几千年的历史。如今在海南省的白沙黎族自治县、昌江黎族自治县、乐东黎族自治县、保亭黎族苗族自治县及五指山市等黎族地区，还有掌握制作树皮布技艺的民间艺人，在这些地区的博物馆都收藏有树皮布，如今在海南省民族博物馆收藏人类制作树皮衣的工具——石拍。我们对树皮布制作进行了实地调查，其原料、制作工具、工艺流程如下：

（一）制作工具。主要有斧头、砍刀、木棒或木槌、木楔子等。如砍树、敲打、剥树皮、整理、压平等一系列的工艺流程，都要用这些工具来完成。

（二）原材料。树皮，因居住地区不同，各方言黎族采用的原料也有不同，主要有见血封喉树（楮树，黎族称赛隆）、构树（黎语叫赛盼）、黄久树、厚皮树等，以见血封喉树的纤维最好，洁白柔软，其次是构树的纤维。

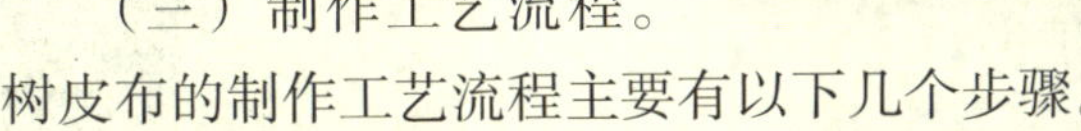

见血封喉树

（三）制作工艺流程。树皮布的制作工艺流程主要有以下几个步骤。

第一步：清理场地。主要是把树头周围的小树、藤、杂草等清理干净，以方便敲打剥取树皮。

第二步：制作剥树皮工具。除了砍刀、斧头外，木棒或木槌、木楔子是剥树皮的重要辅助工具，没有这些工具是无法完成剥树皮任务的。这类工具一般是就地取材现场制作，用完就遗留在山上。

第三步：切割与敲打。根据所要制作的衣物长短大小，即衣物尺寸大小来选择树木大小，选中树木后，一般是选取树皮光滑，且树干直的木段，然后用砍刀在树干下端横切一圈，必须切断树皮，然后用木棒不断地敲打树干，使树干与树皮分离，便将树皮整块取下来。有些制作者先用刀在树干的上端与下端各横切一刀，接着在上圈边取一点，用刀从上向下圈切划一条深深的线，然后用木棒敲打。这主要是与个人的操作习惯有关，无论是先在树干下端横切一刀，还是在树干上下端各横切一刀，都不存在操作技艺上的错误。敲打的目的是使树干与树皮分离，能完整地将树皮整块剥取下来，因此敲打时不能用力过大，否则会使树皮（纤维）断裂，也不能轻轻地敲打，因为这样不能使树干与树皮分离，必须以敲打能使树干与树皮分离即可。

第四步：剥树皮。在敲打均匀后，用刀在上端横切一刀，然后自上而下割一条直线，也可自下而上割一条直线，这主要取决于操作者个人的操作习惯，没有统一的规定（而在敲打前已经用刀上下端各横切一刀，并已割直线的不用再割了）。最后用刀从缝口翘皮（撬开树皮），边翘边用木楔子辅助，使树皮和树干因敲打而松开分离，直至把整块树皮全部剥落下来为止，然后扛下山或回家，进行加工和整理。

剥树皮 ▶

第五步：剥表皮与整理。将树皮展开，用砍刀把树皮的表皮剥除，同时将树皮整理平直匀称、厚薄一样，树皮两端修整平直，修整疤节、压平。去表皮的目的是使树皮浸泡时容易发酵，把树皮的液汁（胶质）洗掉，为下一步浸泡、敲打打下基础。有一些制作者是将树皮展开用砍刀修整疤节、压平后，用木棒锤打

剥表皮与整理

整块树皮，这样不断地用木棒均匀地拍打，使树皮纤维结构变松、变软，去掉表皮。

第六步：浸泡脱胶。将剥表皮与整理后的树皮放进水中浸泡，浸泡的时间因树种和个人的制作习惯不同而不同，一般要浸泡3小时至15天不等，最少也要浸泡3个小时，见血封喉树皮浸泡的时间最长，因为其液汁都是毒汁，对人体有害，必须浸泡时间长使之充分发酵，才能完全脱掉有毒的胶质。浸泡的目的是使树皮在水中发酵，以方便敲打，使树皮中的胶质脱掉，留下可用的纤维。

第七步：敲打与漂洗。用木棒将浸泡发酵后的树皮不断敲打，目的是将树皮打松打软，使胶质脱掉。经过反复地敲打树皮，使其的胶质和纤维松开和分离，同时还需要在水中不断地漂洗、搓揉和摆动，让树皮的胶质在水中不断地脱掉，直至留下可用的纤维。

浸泡脱胶

敲打漂洗

第八步：晒干。经漂洗后的纤维，还含有很多的水分，必须晒干才能够使用，最好是在太阳底下曝晒，使其水分蒸发。晒干后的纤维，变得柔软，富有弹性，一件树皮布料就这样制成了。

树皮布

第九步：修补。经过敲打与漂洗，晒干后的纤维可能存在厚薄不一，也有的地方破裂，这就需要用针线来修补，目的是使整块纤维能均匀地连接起来，直到纤维达到符合制作衣物要求为止。

第十步：制作衣物。黎族用竹针和麻线（纤维）、芭蕉线（纤维）缝制树皮衣物，其种类不多，主要有树皮衣、树皮裤（短围裙和牛鼻裈）、树皮被、树皮腰带、帽子等。

黎族树皮布制作技艺在人类学及文化史上有着不可替代的特殊地位，树皮布可证明，人类衣物从无纺布到有纺布的发展过程，是黎族人民对人类社会的巨大贡献。这门技艺从远古一路走来，如今已失去原有的实用功能，并且濒临失传。2006年，被国务院列为第一批国家级非物质文化遗产保护项目，使这一古老技艺又获得新生，民族文化得到了更加璀璨的延续。

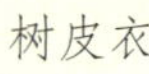

树皮衣

树皮围裙

制陶工艺

黎族制陶的历史悠久。从海南岛沿海和昌化江流域的旧石器和新石器多处遗址出土的陶纺轮、陶片来看，当时黎族妇女已广泛掌握制陶技术，且技艺相当成熟。这门技艺从远古以来，黎族世代相传，传承至今，是人类原始手工制陶史上的活化石，并于2006年被国家文化部列为国家级第一批非物质文化保护名录。

制陶技艺是黎族重要的家庭手工业之一，是黎族社会生活中不可缺少的主业。制陶的方法有泥片贴筑法和泥条盘筑法两种。制陶工作由男女共同承担，但是承担的任务不同，男子挖陶土，运陶土；而妇女负责制作，这是技术含量的工作，男子不参与，但并非每个妇女都会制陶。制陶的基本工序如下：

妇女在舂陶土、筛陶土

第一步：择陶土。选取黏性好的泥土，挖泥土放在阳光下曝晒。

第二步：捣陶土与筛陶土。将晒干后的泥土舂碎，再用米筛筛出泥粉。

第三步：拌和泥团。用水将细泥粉调拌成泥团，水与泥粉的

制陶

比例要恰到好处，这一步是制作陶器的关键。

第四步：制陶器。先搓泥团均匀后，将泥团铺成薄饼状做器底，并移到垫台或竹筛上，接着泥条盘筑器物，然后用螺壳和小木拍等工具拌平抹光器物，将陶坯做成各种生活用具，如碗、钵、锅、罐、盆、蒸酒器、水缸等。制作好的陶器要完全晾干后，才择日烧陶。

第五步：烧陶与上色。将晾干后陶器叠放于柴堆上，然后点火烧陶，一般要烧两三个小时，最后取出陶器，撒上事先备好的植物汁给陶器上色，一件器物便制成了。

制陶工具，包括舂米臼、米筛、刮削工具、木拍和垫台。

新中国成立前，黎族同胞生产的陶器除了自己使用外，一部分用于进行物物交换，换取生活用品与稻谷，随着黎族社会经济的发展，原始制陶在20世纪70年代开始已经退出了历史舞台。如今在海南省的三亚市、乐东黎族自治县、昌江黎族自治县、白沙黎族自治县等地区的黎族同胞还掌握原始制陶技艺，对研究史前制陶史和黎族社会发展史具有重要作用。

烧陶

编织与雕刻

编织

编织是黎族重要的家庭手工业之一。海南岛盛产藤、竹、露兜叶、椰子叶、葵叶、芦苇草等编织材料，黎族人民善于编织工艺，利用这些丰富的编织材料编织成各种生产生活用具及民间工艺美术品。

竹编无底谷箩

编织分工：女子善于编织小而精细的织物，男子擅长编织大而粗糙的织物和生产工具。

编织器物类别丰富多彩，竹编有腰篓、米筛、斗笠、竹篮、竹筐、鱼笼、谷篓等；藤编有藤衣篓、藤篮、藤凳、藤筐、藤帽等；草编有草席、草墙、茅草夹等；露兜叶编有露兜叶席、露兜叶筐、露兜叶扇、露兜叶包等；葵叶编有葵叶帽、蓑衣等。

藤衣篓——黎族传统衣柜

竹子——编织原材料

雕刻

黎族雕刻工艺，主要体现在生产生活用具，也有应用于宗教道具上，通常在妇女骨簪、纺织工具、刀鞘、椰子壳碗、箭筒、独木凳、竹筒、木偶像以及各种盛具等雕刻精美图案花纹。男子喜欢把雕刻有精美花纹的纺织工具和发簪作为定情物送给自己心爱的人。

雕刻精美花纹的针线盒

骨雕唸盒

知识链接 **人头形骨簪** 黎族润方言骨雕艺术的代表作之一，是其妇女的标志性头饰品之一，其雕刻工艺精巧、图案精美，既是民间精美的原始造型艺术品，又是黎族珍贵的民俗文物。用牛骨或兽骨雕刻而成的，通长17~25厘米、宽1.2~2.1厘米、厚0.5~0.8厘米，骨簪的上头缠着橙黄色或红色的丝穗，缠扎用的绳子穿有墨绿色或白色的草珠和玻璃珠，分成三组或四组。这种骨簪解放前在白沙黎族自治县的润黎地区是十分的常见，但是随着社会的发展逐渐被金属发簪或其他发簪取代；同时随着一批骨雕老艺人的相继去世，掌握骨簪雕刻这门技艺的人越来越少，技艺后继无人，几乎到濒临失传的边缘，如今“黎族骨雕技艺”已被列入省级非物质文化遗产保护名录。

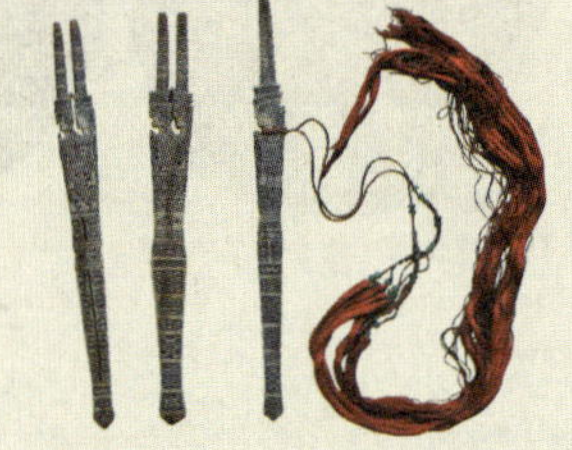

人头形骨簪

剪纸工艺

灯笼

黎族剪纸工艺历史较短，是在唐宋时期开始从汉族民间剪纸工艺中学习和直接引进的一门技艺，然后融入了本民族的原有宗教观念与信仰、丧葬习俗等诸多传统文化因素，烙上自己的文化烙印，历经数百年的传承、演变与发展，最后形成自己独特的剪纸（镂纸）工艺。黎族剪纸具有本民族很强的社会功能，技艺上也已自成体系。

黎族剪纸可分成两种类型：一种是葬丧剪纸工艺。这门技艺从古至今传承，历史悠久，主要流行于三亚市、陵水黎族自治

美丽的传说

县、乐东黎族自治县、东方市等市县哈方言哈应人用于丧葬活动的剪纸工艺，常见作品有纸马、纸衣、纸伞、灯笼、棺材罩、纸鱼、纸柜等，是献给死者的祭品，出殡前必须焚烧；另一种是生活剪纸工艺，也就是我们所说民间剪纸艺术，这门技艺源于葬丧剪纸，但与葬礼活动没有关联，纯粹的民间艺术，出现于20世纪六七十年代乐东县大安乡农民自发创作的剪纸工艺，目前主要流传于海南省乐东黎族自治县大安镇哈方言只贡人村寨和三亚市的黎族哈方言哈应人地区，大安镇被国家命名为剪纸之乡，有韦勤、羊永生等一批剪纸艺人。

音乐与舞蹈

黎族自远古以来就生活在海南岛，长期的热带海岛生产生活，特殊的生活环境和生活方式条件下，产生丰富多彩的民间艺术形式与艺术作品。

黎族是能歌善舞的民族，他们的音乐和舞蹈具有鲜明的民族风格和热带海岛风情，彰显民族的特性。

黎族音乐以民间歌谣（民歌）与乐器两部分组成，民歌是民间文艺重要表现形式之一，主要有两种演绎方式：一种是用黎语原生态演唱，其形式多样，内容丰富，分为劳动歌、生活歌、情

乐器——独木皮鼓

竹竿舞

歌、颂歌、仪礼歌、叙事歌、丧歌等，常见的以劳动歌、生活歌、情歌、丧歌为主。歌者即兴作词、吟唱心曲，引人入胜；有独唱、对唱、说唱、联唱、领唱等不同形式，曲调旋律，各个方言有所不同，各有各的风格和特点。归纳起来黎族民歌曲调有十多种，有琼中的“世亲调”、保亭的“罗尼调”、昌江的“哩哩调”、白沙的“沙中哇”与“娃呀娃”、陵水的“长桌调”与“短调”、东方的“滚龙调”与“欧欧调”、乐东的“千家调”等等，这些曲调有高亢豪放的，有柔和动听的，有缓慢抒情的，有节奏欢快的，有低沉悲伤的。另一种黎族民歌是海南汉语演唱，以黎族民歌韵律为唱腔，称作“汉词黎调”。这类民歌主要是以新民主主义革命、社会主义建设为题材的歌谣，以革命思想为内容，以健康向上为格调，作品的艺术性高，以《鬼子不灭不收枪》《毛主席是咱父亲》《歌唱游击队》《五指山上五条河》等为代表。

民间传统乐器分为吹管、拉弦、弹拨、打击等四大类，主要有哩咧、筒芍、鼻箫、毕达、口弓、叮咚、椰壳胡、牛角号、独木皮鼓、蛙锣等。

黎族人民擅长跳舞，舞蹈来源于生产生活，来

吹哩咧

吹奏和打击乐器表演

源于对祖先的崇拜。其所反映和展示的内容十分广泛，有生产生活、丰收节庆、婚姻生育、祈神求福、社交娱乐、驱鬼祛病等，因此可分为生产舞、生活舞、宗教仪礼舞、节庆舞、斗争舞等。较著名的舞有《招福舞》《钱铃双刀舞》《打柴舞》（竹竿舞）、《舂米舞》《草签舞》《三月三舞》等。舞时，往往歌声、打击乐和喊声相融，场面欢快。

鼻箫恋

知识链接 **打柴舞** 黎族民间一种集体舞蹈，在平地上平行排列两根长3~4米、直径约10厘米的圆木，两木相距约2米，再架上数对小木棒，打柴者分两边两两相对或坐或蹲下，双手各执木棍的端头，然后有节奏有顺序地进行左右、上下分合敲打，舞者便在木棒的一张一合空隙中来回踩踏、跳跃，或模仿动物的动作，或模仿人们在生产生活中的动作等，场面欢快热烈。它源于黎族的丧葬活动，后来演变、发展为庆祝节假日等喜庆日子和丰收时的民间舞蹈，是黎族民间舞蹈的代表作之一。

第八章 古朴多彩的原始宗教信仰

黎族没有统一的宗教体系，信奉原始宗教，“万物有灵，灵魂不灭，鬼魂无处不在”是其宗教观念的核心，主要表现为万物有灵、图腾崇拜、自然崇拜、祖先崇拜等方式。

道公在做法事

黎族没有统一的宗教体系，信奉原始宗教，“万物有灵，灵魂不灭，鬼魂无处不在”是其宗教观念的核心，主要表现为万物有灵、图腾崇拜、自然崇拜、祖先崇拜等方式。黎族只有鬼的概念，没有神的概念，没有好鬼、坏鬼之分，鬼是不能侵犯的，否则会引来灾祸，给家人、族人带来灾难。

秦代以后随着汉民族迁居海南岛，外来宗教的传入，黎族社会原有宗教先后融入了道教、佛教、基督教等的一些成分，在邻近汉族地区和黎汉杂居区，有一些村民信奉道教、佛教与基督教。

道教的鬼神观念与黎族的“万物有灵”观念有许多共同之处，与黎族原有的宗教兼容、相辅相成，被部分黎族同胞所接受，因此黎族一些地区既有从事原始宗教活动的“爬柔”（黎语音译）、“鬼公”“母娘”等神职人员，又有从事道教活动的神职人员“道公”，也称为“三伯公”。

黎族的宗教信仰多种多样，并渗透到社会生活的方方面面，是社会生活重要组成部分。

图腾崇拜

图腾崇拜，是产生在氏族公社时期的一种原始宗教信仰的现象，主要表现为对某种动物、植物的崇拜。黎族图腾崇拜产生于母系氏族公社时期，将某种动物、植物等视为与本氏族（血缘集团）有亲属或其他特殊关系的崇拜行为，是原始宗教的最初形式。崇拜的动物主要有牛、蛇、狗、猫、鱼等，崇拜的植物有竹、大榕树、葫芦瓜、木棉、芭蕉等。

自然崇拜

黎族宗教观念是“万物有灵”，因此对自然神加以崇拜与祈求，主要是对天体、自然力和自然物三个方面的崇拜，如日、月、星、辰、山川、石头、树木、风、雨、雷、电、鸟、兽、鱼、虫、水、火等的崇拜，认为这些自然物与自然力现象所表现出的生命、意志、情感、灵性和奇特能力，会对人类的生存及生命财产产生各种负面影响或伤害，因此对之加以敬拜、祈求、祭祀，讨其欢心就能获其消灾解难，同时获得佑护和降福。家人、族人才能生存，人类才得以繁衍生息。

祖先崇拜

祖先崇拜，是人类对已故亲人的悼念和崇敬之情，是生者和死者间血缘关系的体现，灵魂与阳间的亲人有着千丝万缕的关系，其在阴间中监督阳间亲人的一切言行，而亲人们可以通过虔诚的献祭行为取得鬼魂的好感，从而获得它保佑与安康，是生者

昌江七叉镇洪峰村美孚方言祭祖场景

祈求祖先保护的一种原始宗教表现方式之一。

祖先崇拜是黎族原始宗教观念的核心部分，渗透到黎族日常生产生活的方方面面，“祖先鬼”是他们心中最大的鬼，平时忌说祖先的名字，否则会招其灵魂回家，导致家人、族人生病；如无意说别人祖先的名字，对方会认为你有意祸害他们，往往会导致两家人纠纷，甚至两个家族打架斗殴，因此黎族民间有“天上怕雷公，人间怕禁公（利用巫术手段致他人生病或死亡的人），地下怕祖公”的谚语。

宗教行为与活动

宗教活动主要包括这么几种：一是祭祀鬼神、驱鬼从而达到治病、消灾的目的；二是祭祖活动，祈求祖先保佑平安和幸福；三是丧葬活动。祭祀活动由“爬柔”“鬼公”“母娘”、道公来主持，一般不收取报酬。

“爬柔”，在哈方言哈应人地区从事诵唱家族祖史、祖谱和主持其他宗教祭祀活动的家族长者，民众对他们很尊重。

道公，是主持宗教祭祀活动的人，主要职责是查鬼看病、巫术治病、招魂、驱鬼等。做法事时，一般用海南汉族方言念咒，受道教影响较深。道公是世袭的，一般不收徒外传。

道公在做法事驱鬼

“母娘”，是主持宗教祭祀活动的人，主要从事祖先鬼、驱鬼等法事。

在举行宗教祭祀活动前，神职人员必须先查鬼看病，一般是通过占卜来实现，主要有鸡卜、鸡蛋卜、筊杯卜、石卜、泥包卜等方式。鸡卜是黎族以预测吉凶祸福，广泛运用于生产、生活及生病等方

在屋檐插一根竹竿并挂稻草人，用于避邪镇鬼

面。据清·道光《琼州府志·黎情》卷20记载“以割鸡为占卜”；鸡蛋卜主要用于选择墓穴或测方位。筊杯卜，是汉族地区传入的，流行于黎族各方言区，用两块木片或竹片制成，其用途较广，凡查鬼、查“禁”、寻物、寻牛、出猎前、查病因等均使用。杯卜平的一面称“阳”，凸的一面称“阴”，一平一凸同时出现时为吉兆，一般连续三次抛掷在地上，出现两阳一阴、两阴一阳时为吉兆（东方地区），一阴、一阳为大吉（乐东地区），三次均出现阴、阳为吉兆（三亚地区）；如出现三阴、三阳的均为凶兆。

筊杯卜

通过占卜方式查鬼、看病，确定何鬼何病才能举行祭祀活动，祭祀就涉及祭品。黎族认为所有的鬼都会害人，并无善恶之分，人的病是由它们造成的，其中鬼有大小之分；最大鬼是祖先鬼，祭品用牛；中鬼，则杀猪宰鸡为祭品；小鬼，只用鸡、米、饭等物品即可；驱鬼则以狗为祭品。无论是大鬼还是小鬼不可缺少的祭品是酒。

牛铃

第九章 丰富多彩的黎族文学

黎族文学源远流长，内容丰富多彩，体裁多样，有民间文学，也有作家文学，是我国文学的重要组成部分，文化宝库的一支奇葩。

民间文学是黎族传统文化的重要组成部分，其质朴、原始、神秘、民族性突出，是黎族文学的历史源头。其内容广泛，包括神话、传说、故事、歌谣、谚语、谜语、史诗等，是黎族口头创作文学，在黎族文学中占有非常重要的地位，绽放出耀眼的艺术魅力。

黎族文学源远流长，内容丰富多彩，体裁多样，有民间文学，也有作家文学，是我国文学的重要组成部分，文化宝库的一支奇葩。

民间文学是黎族传统文化的重要组成部分，其质朴、原始、神秘、民族性突出，是黎族文学的历史源头。其内容广泛，包括神话、传说、故事、歌谣、谚语、谜语、史诗等，是黎族口头创作文学，在黎族文学中占有非常重要的地位，绽放出耀眼的艺术魅力。

黎族作家文学起步较晚，中华人民共和国成立后在党和政府关怀下才开始生根发芽，并有自己的作家队伍，先后撰写出一批具有生活气息、时代精神强的文学作品，深受广大读者的喜爱。

神话与传说

黎族长期居住在热带海岛，经历相当长的社会历史进程，在远古的洪荒时代开始产生了口头文学，神话与传说开始出现，主要是叙述了人类起源与宇宙万物，解释了洪荒时代充满神秘、古怪的世界，塑造人定胜天的理念及英雄人物。按其内容来分，可分成两大类：一是对人类起源、族源与对自然现象的解读，可称为创世神话；二是歌颂开创世界、征服自然界的神奇式英雄人物，反映人与自然共存、人与自然斗争，开创美好生活，此类传

知识链接 **创世史诗 ——吞德否(音译)** 吞德否是目前发现的黎族口传歌谣中最古老、最完整的一部黎族长篇创世史诗。流传于海南省三亚、乐东、东方、昌江、白沙、儋州等县市黎族哈方言哈应人村寨。源于古代三亚地区黎族丧俗，用黎语哈应土语吟唱，当地凡有人去世，在下葬的前一天晚上，要举行唱师（道公）吟唱“吞德否”仪式，即追念人类（祖先）、万物和黎族起源，演变成族谱。其吟唱内容包括人类的起源、万物的起源和特征、黎族的起源、洪水暴发人类灭绝、人类的重生和繁衍、分祖分姓、民族的由来、禁术的产生等。创世史诗从古到今以口传方式代代相传于黎族民间，是黎族神话、传说、故事、歌谣的母本，具有十分珍贵的文学艺术、人类学、民族学、历史学、宗教学的价值。

神奇的五指山

说可称为民间传说。黎族神话与传说强调人是万物之主，是世界体系的核心，黎族人民发挥了丰富想象力与幻想空间，以主题鲜明、形象生动、风格古朴，创造了令人着迷的民族民间艺术特色。其代表作品主要有《大力神》《五指山的传说》《天狗》《十兄弟》《三月三的传说》《洪水的故事》《鹿回头的传说》《绣面的故事》《黎母山饿传说》《螃蟹的故事》《葫芦瓜的故事》《兄弟星座》《伟代造动物》《万家》《野猪》《擒龙》《五指山与七仙岭》《蜈蚣除蛇》《老鼠儿子》《宝葫芦》《仙人湖》《阿德哥和七仙女》《盎哇鸟》《麻雀的故事》《台风的传说》《雷公为什么在天上

黎族（哈应人）长篇创世史诗《五指山传》

知识链接 **三月三传说** 相传远古时候，洪水泛滥，淹没了地上的一切，天妃和观音兄妹俩抱住大葫芦随洪水漂泊，漂到昌化江畔的燕窝岭上，洪水退了，兄妹俩奇迹般活下来，但大地一片寂静，因此他们便分头去寻找亲人临走前约定每年农历三月三回到燕窝岭相会，他们走遍天涯海角都不见人迹，年复一年兄妹俩快衰老了，人就要绝灭了。妹妹在自己脸刺上花纹（文身），使哥哥认不出文脸的妹妹，于是在一年的三月三兄妹俩相逢在燕窝岭下结为夫妻、生儿育女，人类得到新生。婚后过着男耕女织的田园生活，并在半山腰开凿一个石洞居住，每年农历三月三日，正是山花烂漫，天妃和观音便带着子孙们一起载歌载舞，迎接春天的到来。黎族的子孙后代为了纪念他们把石洞称为娘母洞，每年农历三月三日，男女老少都携带糕点、粽子、酒肉等从四面八方来集聚在娘母洞前祭祀祖先——天妃和观音。余兴未尽的男女青年就对上山歌，人山人海、歌声悠远，通过歌声相互了解，并约定明年的三月三日再相会。

叫》《月亮为什么只在夜间出来》等等。1990年李和弟、孙有康收集整理的黎族创世史诗《五指山传》，由暨南大学出版社出版。

民间故事

黎族民间故事多姿多彩，富有热带海岛民族特色，其内容主要有爱情故事、英雄故事和生活故事等。爱情故事占黎族民间故事分量最重，这类故事以追求恋爱自由、婚姻自主、爱情忠贞、爱恨分明为共同主题，其情节曲折、富有人情味，此类作品代表作有《尔蔚》《甘工鸟》《诺实和玉丹》《星娘》等；英雄故事是以人物为题材，通过对人物的个性描述，加之神奇的机遇和超人的能力，主持人间正道，塑造黎族人民理想式的英雄人物。主要代表作品有《勇敢的打拖》《兄弟星座》《雷公根》等；生活故事主要是宣扬社会美好道德情操与做人的道理，赞扬真善美、忠诚老实的人，好人有好报的理念；嘲笑贪得无厌、凶残狡诈之人。这类故事代表作品有《神藤》《五兄弟》《红蘑菇与白蘑菇》《椰子壳》《乞丐》《双女石》《聪明的阿坚》《猫与老鼠》《牛屎鸟》《两只熊》《长工捞龙》《聪明的小长工》《娜艾干》《地主买寒衣》《孟征捉弄地主》等。

1950年海南解放后，广东省海南黎族苗族自治州各级政府及相关职能部门，积极开展对黎族民间文学搜集整理工作，并取得显著成绩。1959年，整理编辑的民间故事集《勇敢的打拖》，由

黎族部分专家学者收集整理出版的黎族民间故事集

作家出版社出版；1962年，由华南师范学院中文系编辑《海南岛黎族故事选》，山东人民出版社出版； 1982年先后编辑《黎族民间故事集》《黎族情歌选》，并由花城出版社出版；1979年至1980年间，广东民族学院中文系师生组织采风队，多次深入黎族地区进行调查，获得了大量的黎族民间文学原始资料，整理编辑《黎族民间故事选》，并于1983年由上海文艺出版社出版。

1988年4月海南建省后各级政府及相关职能部门一如既往重视黎族传统文化的抢救与保护工作，先后收集整理出版一批民间文学作品。2002年由龙敏、黄胜招收集整理《黎族民间故事集》，由南海出版公司出版；2010年由王蕾收集整理《穿芭蕉叶的新娘——五指山黎族民间故事集》，由海南出版社出版；2011年由苏庆兴为主编，收集整理《三亚黎族民歌》，由学林出版社出版。

在理论研究方面，先后有韩伯泉、郭小东著的《黎族民间文学概说》、文明英编著的《黎族民间文学概论》、陈敬东等主编的《海南民族文学作品选析》，这些研究著作，丰富与活跃了学术气氛，促进了黎族民间文学的发展与提升。

谚语和谜语

谚语和谜语是民间文学的特殊表现形式之一，人类口头文学的重要组成部分。

谚语

在民间文学各种体裁中，谚语以短小精练、通俗易懂，蕴含着深刻的人生哲理和科学知识，是一个民族智慧的结晶，它用通俗的语言来反映深刻的生活哲理，其内容涉及人类社会生活的方方面面，是人类对生产生活经验和智慧的总结。

黎族谚语内容涉及社会、生产、生活、自然物等方面，是黎族人民对社会生产生活经验的总结，蕴含着黎族人民深刻的人生哲理和智慧。其语言朴实、诙谐幽默、充满智慧，是黎族人民依据自己的社会实践和生活实践总结提炼出来的具有较强哲理性、科学性、实用性的语言。根据内容，黎族民间谚语可分为以下几个类型：

一是事理谚语，主要内容是教育人们明辨是非、维护正义。它以黎族人民最为常见、熟悉的事物，阐述日常生活中的人生哲理，言简意赅，言论精辟，具有辩证法思想。

二是修养与社交谚语，主要内容是教育人们如何为人处世、与人为善，树立正确的人生观、道德观，体现了黎族社会对于个人道德至高典范的认识。

三是生产生活谚语，主要是总结黎族人民生产知识、生活经验以及自然界知识的谚语。

海南省民族研究所编辑的《黎族民间谚语谜语提要》书影

四是时政谚语，主要反映黎族人民对社会的观察和独特见解，反映尖锐的社会矛盾和阶级斗争，揭露生活中的恶势力和丑恶现象。

五是生活谚语，反映生活常识及做人的道理，如“贪玩者必穷，勤劳者必富”，告诉人们贪玩懒惰者必贫，勤劳必富的道理。

六是自然类谚语，反映黎族人民对自然界的认识。天气、节令等自然现象同民众的生产、生活紧密相连，这类谚语使人们能及时掌握各种自然现象的变化，合理适时地安排农业生产，有效地避免自然灾害及其可能造成的损失。如“插秧过清明，稻出白穗”，提醒人们清明后才开始插秧，水稻会多长白穗少长稻谷。

七是风土谚语，反映了黎族的风土人情，包括人们日常的衣食住行、婚丧嫁娶、节庆等内容。如“女人跨过猎枪，打猎会落空”，指的是女人如果跨过男子的猎枪，猎手上山狩猎会打不到猎物，反映黎族社会传统的狩猎习俗。

谜语

谜语是黎族人民在长期的社会生产、生活实践中，对生活事物观察、分析、概括总结出来的结果，是黎族人民智慧的结晶。

黎族谜语题材广泛，内容涉及天文地理、生产生活用具、自然环境、恋爱婚姻等题材，主要有物谜、事谜、字谜等。谜语是将事物用隐喻、暗示、借代或其他的方式隐匿起来，做出谜面，猜者以此为据，猜出谜底，通常采用描写、比喻等的表现手法，隐去谜底事物的特点而以相似的事物代之，猜谜以黎族社会生活中常见、熟悉的事物为题材，谜面朗朗上口，易记易传。

黎族最常见的谜语题材是动植物。黎族人民世代居住在热带海岛，对那里动植物十分的熟悉，这类谜语表现生动、形象，不同方言的黎族对同一种事物做出的谜面也不一样。如椰子树是黎族地区最常见的植物，关于它的谜语非常形象生动，如乐东黎族自治县哈方言有两则谜语："一把伞，长百叶""一把大绿伞，撑天响沙沙"，它们都是对椰子树的外形特征的描述。

生产生活用具是黎族社会生活中不可缺少的器物，人们了解它们的特点与重要性，这些事物是黎族谜语的题材之一。如黎族地区常用的工具"驱兽竹铃"谜语："一只斑鸠七条肠，一动四面响"，黎族常在山栏园边竖起驱赶鸟兽的工具"驱兽竹铃"，用一条绳将数根"竹筒铃"连起来，看守人在一处拉绳子，四面八方"竹筒铃"响成一片。此谜语用一只会叫的斑鸠出谜，形象地描述"驱兽竹铃"的特征。

黎族是一个只有语言没有文字的民族，其字谜是从汉民族学习而来，因此这类谜语比较少，主要流行于邻近汉区和黎汉杂居的黎族地区，以一问一答的对歌形式出现，在对歌中相互对答，猜出谜底，也称猜字歌，借物隐喻，借物抒怀。

黎族谜语通过谜面，反映黎族社会生产生活风貌，表现黎族人民的思想感情和愿望。它以生动、形象、妙趣横生的形式，使人在愉快的氛围中获得知识和乐趣，同时提高人们的想象力和思维能力。

作家文学

黎族作家文学始于20世纪70年代后期，随着社会发展和改革开放大潮到来，特别是1977年恢复高考制度，黎族儿女开始上大学，开始出现本民族作家，龙敏 、王海、马仲川、亚根（李荣国）、符玉珍、卓其德等一批黎族作家相继登上文坛，形成黎

部分黎族作家创作出版的长篇小说

族作家队伍。他们同热带海岛和黎族人民有着密切联系，不仅受过现代教育，了解民情、国情和当今世界文学发展潮流，眼界较为开阔，而且有良好的黎族传统文化素质与修养，主动吸取各兄弟民族和世界各国文学的经验。他们凭着丰富的生活积累和学识能力，观察分析黎族社会生活，撰写出一幅幅波澜壮阔的黎族生活画卷，作家文学得到空前发展。大量黎族民间文学在作家与学者的手中得到收集、整理、创作并相继发表、出版，以汉文的形式展现在国内外广大读者面前，并得以流传、弘扬、传承、提升与发展。

黎族作家文学可分为两大类。一是民间文学，主要是由本民族作家与部分汉族作家深入黎族地区对民间神话、传说、故事、歌谣等进行收集、整理，并加工与提升。有一些公开发表于各类报纸、杂志，有一些形成书籍出版，主要代表作品有花城出版社出版的《黎族情歌选》与《五指山黎族山歌111首》、上海文艺出版社出版的《黎族民间故事选》、广东人民出版社出版的叙述长诗《甘工鸟》、暨南大学出版社出版的创世史诗《五指山传》、海南出版社出版的《美满的歌》与《浪花》等。这些民间文学以传统文化为基调，内容丰富，题材广泛，语言生动形象，是黎族创作文学的一大亮点与收获。

二是创作文学，主要是本民族作家深入黎族村寨体验生活，获得创作素材和灵感而创作的文学作品，包括小说、诗歌、散文、剧本等体裁。小说主要代表作品有黎族第一代作家龙敏著的中篇小说《黎乡月》、长篇小说《黎山魂》、短篇小说《老蟹公》《青山情》《年头夜雨》，作家马仲川短篇小说《一条半》《屋外，满地阳光》《会丈母娘》《陈才卖鸭》等，作家王海短篇小说《五

黎族部分文学作品

指山肯颗红荔枝》《月光照在小路上》和长篇小说《吞挑峒首》，作家亚根长篇小说《婀娜多姿》《老铳·狗·女人》《槟榔醉红了》；散文集有亚根的《都市乡村人》，马仲川的《乡情曲》《不老的歌》《深山木棉红似火》《我与山城》等，符玉珍的《年饭》《表姐》等；诗歌有卓其德的《美满的歌》和《浪花》、黄照良的《山栏香飘飘》、黄学魁的《热带的恋曲》等。这些作品具有浓郁地方特色和强烈的时代感，在人物形象刻画、表现手法和写作风格上，既有历史的，又有现代的；既有普通人物，又有英雄人物。新老交织，情景交融，现实与幻想，富有探索精神与民族性特色。

第十章 欣欣向荣的民族区域自治

民族区域自治，是中国共产党解决国内民族问题的基本政策，同时也是我国《宪法》一项重要的政治制度。

2009年海南省进行机构体制改革，实行乡镇合并，目前少数民族聚居乡镇10个，没有设置民族乡，只享受党的民族政策。

民族自治地方的建立和民族区域自治制度的完善，符合广大少数民族的利益和愿望，有利于少数民族更好地管理本民族内部事务，利于促进民族团结、各民族共同繁荣和发展。

民族区域自治，是中国共产党解决国内民族问题的基本政策，同时也是我国《宪法》一项重要的政治制度。1947年中共琼崖区委根据中共中央关于实行民族区域自治的指示，成立琼崖少数民族自治行政委员会。新中国成立后，党和国家针对海南省少数民族的具体情况，根据《中华人民共和国宪法》和《中华人民共和国民族区域自治法》的规定，1952年7月成立海南黎族苗族自治区，1955年10月海南黎族苗族自治区改为海南黎族苗族自治州，管辖乐东、琼中、保亭、白沙、昌江、东方、陵水、崖县等八县。1987年12月，中共中央、国务院决定撤销海南黎族苗族自治州，设立保亭黎族苗族自治县、琼中黎族苗族自治县、白沙黎族自治县、陵水黎族自治县、昌江黎族自治县、乐东黎族自治县、东方黎族自治县（今东方市）和享受民族自治地方政策待遇的三亚市、通什市（今五指山市），同时在散杂区建立12个民族乡镇，保障散杂区少数民族的平等权利。2009年海南省进行机构体制改革，实行乡镇合并，目前少数民族聚居乡镇10个，没有设置民族乡，只享受党的民族政策。

民族自治地方的建立和民族区域自治制度的完善，符合广大少数民族的利益和愿望，有利于少数民族更好地管理本民族内部事务，利于促进民族团结、各民族共同繁荣和发展。

三亚市

三亚是中国最南部的热带滨海旅游城市，别称鹿城，又被称为“东方夏威夷”。它位于海南岛最南端，北纬18°09′34″~18°37′27″、东经108°56′30″~109°48′28″之间。东邻陵水移黎族自治县，北与保亭黎族苗族自治县相连，西与乐东黎族自治县接壤，南临南海。陆地总面积1919.58平方公里，海域总面积6 000平方公里，下辖海棠湾、吉阳、凤凰、崖城、天涯、育才6个镇，境内有南田、南新、南岛、立才、南滨5个国营农场。全市常住人口为685 408人（2010年第六次人口普查数据）。

三亚是黎、汉、苗、回等多民族聚居地区，汉族人口为455 595人，占总人口的66.47%，少数民族人口为229 813人，占

三亚亚龙湾

总人口的33.53%，其中黎族人口209 005人，占总人口的30.49%。

历史沿革。“三亚”因三亚河（古名临川水）有东河、西河至此会合成“丫”字形，三亚方言“丫”与“亚”同音，故取名“三亚”。秦始皇三十三年（前214）设置南海郡、桂林郡、象郡，海南岛属象郡。西汉元封元年（前110）设珠厓、儋耳二郡，三亚属珠厓郡，隋设临振郡，唐代改为振州。清光绪三十一年（1905），升崖州为直隶州。1912年，废直隶州，设崖县。1949—1950年，为榆亚特区。1950年4月崖县解放，成立县人民政府。1954年10月中共崖县县委、县政府及直属机关从崖城搬到三亚。1958年与保亭、陵水及万宁兴隆牛漏地区合并为崖县（大县），1959、1961年先后分开，恢复崖县建制。1961年5月改三亚镇。1962年11月三亚镇和三亚公社合并。1964年6月恢复三亚镇建制。1984年5月19日经国务院批准撤销崖县设立三亚市（县级）。1987年9月，国务院批准三亚市升格为地级市。1988年5月，成立河东、河西区。

地理环境。三亚北靠高山，南临大海，地势自北向南逐渐倾斜，形成一个狭长状的多角形。境内海岸线长258.65公里，主要港口有三亚港、榆林港、南山港、铁炉港、六道港等。主要海湾有三亚湾、海棠湾、亚龙湾、崖州湾、大东海湾、月亮湾等，大小岛屿40个。

三亚地处纬度低，属热带海洋性季风气候区，年平均气温

南海观音

25.7°C，全年日照时间2 534小时，年平均降水量1 347.5mm。素有“天然温室”之称。

海洋资源丰富。三亚境内海岸线长，海洋生物种类繁多，有鱼类1 064种，虾类350种，蟹类325种，软体动物700种，其中经济价值较高的有402种，鲨鱼翅、海参、石斑鱼被誉为“崖州三珍”。

三亚地热资源丰富，有南田温泉、羊栏牛岭温泉、崖城玉井温泉等，这些温泉水温高，水量大，富含对人体有益的微量元素。其中南田温泉被誉为“神州第一泉”。

三亚是热带雨林原生地，有林地12.1万公顷，森林覆盖率64%。有国家级、省级和市级自然保护区9个，总面积13 497公顷。城市绿化覆盖率44.4%，人均公共绿地18.4平方米。

交通发达，陆、海、空配套完善，是海南岛上的交通大动脉和枢纽。东线高速公路、西线高速公路、东环高铁、223国道、224国道、225国道贯穿全境；境内有三亚凤凰国际机场，是中国国内的运输大机场之一，承担着三亚通往国内乃至世界的重任，2011年已经突破1 000万人次客流量。

人民生活。2012年，城镇居民人均家庭总收入25 311元，增长12.6%。其中，人均可支配收入23 295元，增长13.8%。人均家庭总收入中，工资性收入15 375元，增长11.9%；经营净收入3 127元，增长20.5%，财产性收入841元，增长24.7%，转移性收入5 968元，增长9.4%。城镇居民人均生活消费支出16 975元，增长8.0%。城镇居民恩格尔系数为44.8%，比2011年提高2.0个百分点。城镇居民人均住房使用面积25.6平方米。农民人均纯收入8 825元，增长16.4%。其中，工资性收入1 747元，增长23.6%；家庭经营纯收入5 500元，增长8.9%；财产性纯收入432元，增长18.4%；转移性收入1 146元，增长52.2%。农村居民家庭恩格尔系数为49.2%，比2011年下降0.1个百分点。农村居民人均住房使用面积30.3平方米，比2011年增加0.8平方米。

社会保障。2012年，城镇新增就业人员33 876人，比上年下降2.0%；农村劳动力转移就业15 341人，比上年下降5.0%。失业人员再就业4 357人，比上年增长1.0%；就业困难人员再就业1 066人。城镇登记失业率为1.91%，比上年下降0.06个百分点。

2012年，三亚市参加城镇从业人员基本养老保险人数达160 857人，覆盖率为99.61%，比2011年提高0.11个百分点；参加城镇从业人员基本医疗保险人数为219 496人，覆盖率为99.73%，比2011年提高0.01个百分点；参加城镇从业人员失业保险人数为168 278人，覆盖率为99.18%，比2011年提高0.03个百分点。实行城乡统一的居民医疗保险制度，参加城乡居民基本医疗保险的人数为422 590人，基本实现全覆盖。2012年城乡最低生活保障人口18 380人；最低生活保障金的实际发放数为6 319万元。2012年发放城乡居民物价补贴人均达到600元。

三亚旅游资源丰富，景点多，主要景区景点有亚龙湾国家旅游度假区、天涯海角风景区、南山文化旅游区、鹿回头山顶公园、西岛、落笔洞旅游风景区、三亚国家珊瑚礁自然保护区、大小洞天旅游区、海棠湾、崖州古城、伊斯兰教徒古墓群、椰梦长廊等。

五指山市

五指山市位于海南省主岛——海南岛的中南部地区，北纬18°38′~19°02′，东经109°19′~109°44′，南与保亭黎族苗族自治县接壤，西与乐东黎族自治县、白沙黎族自治县为邻，北与琼中黎族苗族自治县相连，全市总面积1 168平方公里。

市政府所在地为通什镇，下辖通什、毛阳、南圣、番阳、畅好、毛道、水满7个乡镇，59个村委会，329个村民小组，辖区内有琼州学院、海南电大五指山分校、海南省通什农业学校、海南省民族技工学校、海南省第二卫生学校等大中专院校；有海南省民族研究所、海南省民族博物馆、海南省第二人民医院、海南省民族歌舞团等省直属单位、文艺团体及国营畅好农场。

建制沿革。1935年3月前，通什地区分属崖县（三亚市）、定安县、陵水县。1936年12月，分属保亭县、白沙县、乐东县。1949年3月琼崖区党委根据党中央关于实行民族区域自治的批示白沙县毛栈乡（今五指山市毛阳镇）成立了“琼崖少数民族自治区行政委员会”，管辖白沙、保亭、乐东3个县，陈克文任主任，王国兴（黎族）任副主任。1952年4月根据《中华人民共和国民族区域自治实施纲要》的规定，成立海南黎族苗族自治区人民政府筹备委员会，同年6月25日，海南黎族苗族自治区首届各界人民代表会议在乐东县抱由镇举行，会议通过《海南黎族苗族自治区人民政府组织条例》，选举王国兴等21人为自治区人民政府组织成员，王国兴（黎族）当选为主席，7月1日海南黎族苗族自治区人民政府正式成立，下辖白沙、保亭、乐东、琼中、东方5个

五指山市

五指山市三月三广场

县。1953年7月自治区首府从乐东抱由镇迁到保亭县冲山镇（今五指山市通什镇）。1955年10月，将海南黎族苗族自治区改为海南黎族苗族自治州，自治区人民政府改为自治州人民委员会。会议选举王国兴（黎族）为州长，林岳川（黎族）为副州长。1958年11月，撤销中共海南黎族苗族自治州州委州政府迁到海口与海南行政公署合署办公。1961年1月，经中共广东省委批准，恢复自治州原办事机构，3月迁回到冲山镇办公（今五指山市通什镇）。1986年6月，经国务院批准，成立通什市（县级），1987年1月正式挂牌，享受民族自治待遇。1987年12月，撤销海南黎族苗族自治州，海南建省办经济特区。2001年7月通什市更名为五指山市。经海南省政府批准，2012年6月15日，五指山市冲山镇更名为通什镇。

民族构成。五指山市民族构成为黎族、汉族、苗族，总人口为10.5万（2010第六次人口普查数据），其中汉族人口为34 009人，占总人口的32.66%；少数民族人口为70 113人，占总人口的67.34%。其中，黎族人口62 491人，占总人口的60.02%；苗族人口为5 641人，占总人口的5.42%

经济概况。多年来，在党和国家的各项路线、方针、政策的正确指引下，历届市委市政府领导下，全市各族人民艰苦奋斗，使全市经济实力不断增强，人民生活水平不断提高，社会各项事业全面发展，经济总量平稳增长。2012年度全市生产总值

（GDP，含农垦）165 789万元，按可比价格计算，比上年增长3.3%。其中，第一产业增加值48 919万元，增长6.2%；第二产业增加值29 391万元，增长9.1%；第三产业增加值87 479万元，增长速度与上年度持平。按常住年平均人口计算，全市人均生产总值15 888元，按可比价格计算，比上年增长0.1%。按当年平均汇率计算，全市人均生产总值折合2 558美元。

知识链接 **海南省民族博物馆** 海南省民族博物馆位于五指山市泰翡路，1981年秋筹建，1986年10月1日建成对外开放。前身为海南黎族苗族自治州民族博物馆。海南建省后，更名为海南省民族博物馆，隶属海南省文体厅的正处级事业单位。海南省民族学、民俗学重要的研究基地，海南省青少年爱国主义教育基地。

海南省民族博物馆

馆舍依山面城，具有中国传统四合院式建筑，风格别致，宏伟壮观，占地面积50 000多平方米，绿化面积占整个馆面积的40%。该馆以考古挖掘、征集、收藏、研究和陈列海南民族文物为主，研究海南岛历史和黎、苗、回等民族的传统文化为宗旨的综合性博物馆。馆内设有“美好家园和睦共处”“锦衣天下绚烂多彩”“匠心神韵巧夺天工”“喜庆日子和谐乐章”“古老交通多彩宗教”“孤岛奋战红旗不倒”六个基本陈列展。陈列通过实物、文字、图片等介绍海南黎、苗、回等民族的族源、从业、社会生活、文化习俗。展览融知识性、科学性、艺术性和趣味性为一体，是国内外宾客和博物馆同行了解海南历史、少数民族优秀传统文化的一个重要窗口。

开馆至今，共接待国内外旅客200多万人次，被国家文物局授予“全国优秀地县级博物馆”，被海南省评为贵宾接待定点单位、涉外旅游定点单位、文明单位、民族团结先进单位等荣誉称号。

五指山市政府所在地通什镇是海南省中部地区的中心城市和交通枢纽，海榆中线224国道贯穿全境，距省会城市海口223公里，距海滨城市三亚88公里。

境内属热带季风性海洋气候，年平均气温22.6℃，年均降雨量1 690毫米。冬暖夏凉，四季如春，是避暑避寒、旅游、疗养、度假的胜地。五指山原始热带雨林是目前全世界仅存的四块原始热带雨林之一，有“天然别墅”和“翡翠城”之称。

五指山是黎族、苗族传统文化创作和表演的主要基地，民风原始、古朴、浓郁，别具特色的黎村苗寨吸引了大量游人，是海南省每年“三月三”黎苗民族传统节日庆典的主要场所。

东方市

东方市位于海南省主岛——海南岛西南部，东经108°37′~109°07′，北纬18°43′~19°18′，东南部、南部与乐东黎族自治县相连，西部濒临北部湾，与越南隔海相望，北部隔昌化江与昌江黎族自治县交界，地势东高西低，东部为山区，西部为平原。总面积2 256平方公里，下辖10个乡镇、181个村委会和11个社区居委会、2个国营农场。市政府所在地为八所镇。

东方市历史悠久，西汉元封元年（前110）置九龙县。隋大业三年（607）设立感恩县。1949年12月设立昌感县。1952年4月设东方（小）县，1958年12月东方（小）县、昌感县、白沙县合并为东方（大）县，县城定址黎族东方峒，因而称谓东方黎族自治县。1987年12月东方县改名为东方黎族自治县。1997年3

东方市八所港

月，东方黎族自治县更名为东方市。

东方大田坡鹿保护区

东方市有黎、汉、苗、回等民族共同居住，总人口43.5万，其中汉族34.5万，黎族8.8万，苗族等其他民族0.2万人。在党和政府的关怀下，为了改善黎族苗族的居住条件，从20世纪60年代初期开始对茅草屋进行改造，在省民宗委的直接领导下，2000年起东方市大规模进行茅草屋改造工作，截至2010年12月26日茅草屋改造面积842 170平方米，受益群众60 155人。

东方属热带季风海洋性气候，日照充足，年平均气温在25℃以上，全年降雨量1 100毫米左右，蒸发量2 500毫米。

自然资源丰富。有沉香木、花梨等珍贵树种，有“世界花梨看中国，中国花梨在海南，海南花梨数东方”之美誉；有国家一级保护动物大田坡鹿、天安猕猴。海南最大的热带平原——百万亩感恩平原得天独厚，128.4公里海岸线八港七湾，滩涂湿地原生态之冠。

东方八所港是大型深水天然良港，高速公路、粤海西环铁路横贯市区，距省会海口市210公里，中海油商用直升机空中穿梭，海、陆、空立体交通运输网络。油气、化工、生物能源高科

东方市风力发电站

技项目崛起新兴工业园区，水电、火电、风电等大项目陆续建成，东方已成为全省重要的能源基地和重化工业基地。

东方市对越贸易历史久远，边民交往世代结下友谊，是海南唯一拥有边贸政策的城市口岸，蕴藏着无限商机。随着海南国际旅游岛建设的强力推进，东方市委、市政府审时度势，抓抢机遇，确立了以农业为立足点，以工业为支撑点，以商贸旅游为发力点的发展之策，走特色发展之路，建设平安东方、文明东方、富强东方。

乐东黎族自治县

乐东黎族自治县位于海南省主岛——海南岛的西南部，北纬18°24′~18°58′，东经108°39′~109°24′，东和东北与五指山市、白沙黎族自治县接壤，东南与三亚市交界，北与东方市、昌江黎族自治县毗邻，西南临南海。全境东西长72公里，南北宽58公里，总面积2 747平方公里。县政府驻抱由镇，辖有11个镇（少数民族聚居镇6个）、188个行政村（居）委会（少数民族102个），606个自然村（少数民族村439个）；境内有莺歌海盐场、尖峰岭林业局和7个国营农场。全县人口50多万，其中黎族人口169 461人，占总人口的37.9%。是海南省少数民族人口最多、土地面积最大、民族文化保存较为完好的县。

乐东黎族自治县县城新区

自宋至民国中期为崖州辖地。明万历四十四年（1616），崖州府在抱由峒南面瑞芝山建筑“乐安城”。明清二代均设“乐安营、汛”。《崖州志》载“乐安水（今昌化江）源出五指山，西南流，至乐安汛地”，因“乐安水”而称“乐安城”，而乐东是由“乐安城”演变之名。1935年4月，设立乐东县，驻地设在抱由峒。1950年海南解放，属海南行政公署管辖。1952年7月归海南黎族苗族自治州管辖。1987年12月，国务院批准撤销乐东县，设立乐东黎族自治县。

乐东气候条件好，属热带季风气候，年均温度25℃，年均降水量1 600毫米，光照充足，热量丰富，雨量充沛，轻风无霜，农作物一年可三熟，发展香蕉、反季节瓜菜和南繁育种得天独厚。全县土地面积大、土质肥沃，耕地面积45.5万亩，可开发利用土地面积90多万亩。乐东素有“天然温室”“热作宝地”“绿色宝库”等美称，是海南省重要的南繁育种基地、冬季瓜菜生产基地、高位池养虾基地和粮油、哈密瓜、芒果、槟榔、橡胶、兰花生产基地，是个瓜果之乡。

乐东自然资源丰富，发展优势明显，全县土地面积412.13万亩、有八条水系，大小河溪纵横，现建有大小水库109宗，其中长茅水库为海南省第二大农用水库；森林面积822万立方米，尖峰岭林业区是海南省三大林区之一；地质部门探明的矿藏有黄金、铝、锌、铀、钨、石墨、萤石、高岭土、石油、石灰石、花岗岩等，莺歌海盐场年产原盐10多万吨，既是食用盐又是很好的化工原料。莺歌海海域还藏有正在开发利用的丰富石油和天然气。

乐东靠山临海，既有山的神奇，又有海的气魄。境内有闻名国内外的一山一岭三湾（毛公山、尖峰岭和龙栖湾、龙腾湾、龙沐湾等三个天然海湾），有84.3公里长的海岸线，沙滩雪白，海水蔚蓝，以及各类热带瓜果，构成了一幅绮丽多姿的南国风光图。

乐东区位优势明显，地理位置优越，交通方便，南靠三亚，北靠东方，有粤海铁路、西线高速公路（环岛西线）贯通，且靠近三亚港口、八所港口和三亚凤凰国际机场，有正待开发利用的岭头天然避风渔港，海、陆、空运都很方便。

乐东黎族自治县县城新区

乐东人杰地灵，人才济济。大安镇、黄流镇被国家文化部命名为“中国民间艺术之乡”（剪纸、花灯），千家镇、志仲镇被国家文化部定为“海南黎族传统棉纺、麻纺工艺保护工程试点单位”和“非物质文化遗产保护项目”，崖州民歌被确定为国家第二批“非物质文化遗产保护项目”。

2011年，全县生产总值预计完成56.1亿元，其中，第一产业增加值32.5亿元，年均增长12.8%；第二产业增加值6.5亿元，第三产业增加值17.1亿元，年均增长14.6%。2011年，地方财政一般预算收入预计达到5.7亿元，年均递增66%；全社会固定资产投资预计完成28.5亿元，年均增长36.4%；社会消费品零售总额预计达到13.9亿元，年均增长24.6%。2011年产业结构不断优化。巩固农业，优化工业，提升服务业。获批创建国家热带现代农业示范区；抱伦金矿、保定水电站、南巴河水电站等项目建成投产；房地产及旅游、商贸、物流、餐饮等服务业蓬勃发展。

昌江黎族自治县

昌江黎族自治县位于海南省主岛——海南岛西北部，地处北纬18°53′~19°30′，东经108°38′~109°17′，东与白沙黎族自治县毗邻，南与乐东黎族自治县接壤，西南与东方市以昌化江为界相望，西北濒临北部湾，东北部隔珠碧江同儋州市相连，土地总面

昌江黎族自治县人民政府

积1 596平方公里。县政府驻石碌镇，距省会海口市196公里，距三亚220公里。海榆西线公路、环岛高速公路、粤海铁路贯穿全境，水利、电力、通信等基础设施完善。

全县辖石碌镇、十月田镇、乌烈镇、昌化镇、海尾镇、叉河镇、七叉镇、王下乡共8个乡镇，84个村（居）委会，有红田、红林2个国营农场及海钢公司、国投水泥厂、华盛水泥厂等大型厂矿企业，总人口24万人（2007年），其中黎族人口约占总人口的三分之一。

昌江属热带季风气候区，年平均气温24.3℃，长夏无冬，四季如春，日照充足，年均降水量1 676毫米，生态环境好，土地肥沃，水源充足，发展热带高效农业具有得天独厚的条件。耕地面积56.6万亩，海岸线63.7公里，水域面积8.3万亩，森林面积56.12万亩，森林覆盖率达42%。

历史沿革。西汉元封元年（前110）在海南设立珠厓、儋耳二郡，儋耳郡领至来县（今昌江黎族自治县）。始元五年（前82）废儋耳郡，至来县归珠厓郡辖。元帝初元三年（前46）罢珠厓郡，改为朱卢县。东汉建武十九年（43）省朱卢县置珠崖县，至来县属合浦郡统领。三国吴黄武七年（228）改合浦郡为朱官郡，领朱官、朱卢二县。赤乌五年（242）复置珠崖郡，至来县为珠崖郡辖。晋太康元年（280）珠崖郡并入合浦郡，属交州。梁大同（535—545）中，废儋耳郡地置崖州，至来县归属崖州。

隋大业三年（607）改崖州为珠崖郡，至来县分为义伦、昌化、吉安三县。唐初，将吉安县并入昌化县，属儋州辖。天宝元年（742）改儋州为昌化郡，乾元元年（758）复昌化郡为儋州，废吉安县置洛场县（今儋州市洛镇），昌化县原属儋州辖，隶属同陵南道。清光绪三十年（1904）升崖州为直隶州，昌化属崖州辖，统于琼崖道。1914年，昌化县更名为昌江县，1914年5月，将昌化县改名为昌江县，县治所设在昌化城。

1950年5月30日，昌江、感恩二县解放，成立昌感县人民政府，县政府在今东方市北黎镇。1958年12月经国务院批准，将昌感、东方、白沙三县合并为东方县，县政府在叉河镇。1960年，县政府迁至八所镇（今东方市辖）。1962年5月复立昌江县，县政府在石碌镇，1987年11月20日，国务院批准撤销昌江县，设立昌江黎族自治县。

海洋资源开发前景广阔，主要港口有昌化港、海尾港、新港和沙鱼塘港。昌化港是昌江主要通商港口，昌化渔场是天然渔场，也是华南四大渔场之一，水产品有马鲛、鲳鱼、石斑、青鳞、白卜、红鱼等30多种。全县适宜养殖鲍鱼的浅海海域有11处，面积2 662亩；养种麒麟菜的主要海域有5处，面积1 109亩；可开发建塘种养江篱、鱼、虾、蟹的主要滩涂有6处，面积3 550亩，发展海洋捕捞和海水养殖业，条件优越。

昌江是矿产资源富集地区，有铁矿、石灰石、铜、钴、金、石英砂等20多种矿产资源，素有“海南聚宝盆”之称。其中，石碌铁矿是久负盛名的“亚洲第一富铁矿”，铁矿石储量4亿多吨，平均品位51.2%，最高品位可达68%。石碌铁矿共（伴）生的钴矿储量370.5万吨、钴金属量9 987吨。

昌江旅游资源丰富，主要景点有古昌化城、昌化岭、七星燕窝岭、棋子湾、皇帝洞、斧头山自然保护区、霸王岭自然保护区等，其中霸王岭自然保护区是中国唯一保护长臂猿及其生存环境的国家级自然保护区，占地面积6 600多公顷。长臂猿是四大类人猿之一，也是中国唯一现有的类人猿，属于国家一级保护动物，世界上只有少数几个国家才有，中国仅在海南岛和云南西双版纳发现，在海南岛的长臂猿是黑冠长臂猿又叫海南长臂猿，2000年被美国《时代》周刊公布为世界上25种濒危灵长目中数量

▲

芒果开花

最少的动物。

经济概况。2008年全县生产总值实现42.1亿元，同比增长14.9%。财政收入大幅增加。

地方财政一般预算收入完成4.5亿元，同比增长71.6%。投资与消费增势强劲。全县固定资产投资完成13.6亿元，同比增长34%；全社会消费品零售总额完成4.5亿元，同比增长22%。人民生活进一步改善。全县城镇新增就业岗位1 679个，转移农村富余劳动力4 990人，农村贫困人口减少600人、低收入人口减少1 500人。城镇居民人均可支配收入首次突破万元大关，达11 393元，同比增长16.8%；农民人均纯收入3 638元，同比增长17.8%。2008年全县农林副牧渔增加值10.8亿元，同比增长9.2%。强农惠农力度进一步加大，全县财政安排农林水支出1.6亿元，比上年增长112.9%。发放甘蔗下水田、香蕉下水田、橡胶种植、造大渔船、海藻养殖、农机购置和能繁母猪等各项支农惠农补贴及保险资金2 908万元，为历年之最。提高农机具购置补贴比例，出台农副产品运输车购置和设施农业补贴暂行办法。成立农民专业合作社7个，辐射带动农民3 000多人，引导农民发展冬种瓜菜5.4

万亩。优势产业进一步发展，甘蔗种植面积达12.5万亩，其中新增1.2万亩；香蕉种植3.9万亩，其中新增1.5万亩；扶持农户种植橡胶2.8万亩。农村基础设施进一步完善。完成农村公路通畅工程58.2公里、农田整治8 000亩，加固鹅毛岭等8座病险水库，新建十月田等21宗农村饮水安全工程，完成农村户用沼气池2 000个。加强农村文体设施建设，建成孔车村等9个村委会文化楼。投入1 170万元，新建孔车村等14个文明生态村。

保亭黎族苗族自治县

保亭黎族苗族自治县位于海南省的主岛——海南岛中部五指山南麓，北纬18°23′~18°53′，东经109°21′~109°48′，东接陵水黎族自治县，南连三亚市，西接乐东黎族自治县，北与五指山市、琼中黎族苗族自治县相连，东西宽49公里，南北长54公里，总面积1 166.6平方公里。全县辖9个乡镇，62个行政村、463个自然村，境内有3个国有农场。县政府驻保城镇。

黎族、苗族为保亭县世居民族，截至2012年3月底，全县人口17.03万人，其中黎族人口10.2万人，汉族人口5.69万人，苗族人口7 000万人，其他民族人口4 400万人。

建制沿革。保亭县名源自明代“宝停司”，清代改称“宝停营”，1935年4月，广东省政府民政厅批准，设置保亭县，驻保城

保亭黎族苗族自治县文化中心

镇。1958年保亭县与陵水、崖县合并为榆林县。1959年榆林县更名崖县，同年恢复保亭县建制。1987年12月，国务院批准撤销保亭县，设立保亭黎族苗族自治县。

地理环境。保亭属热带季风气候区，阳光充足，长夏无冬，年平均气温20.7℃~24.5℃，冬季温暖如春，夏无酷暑。雨量充沛，年降雨量达1 800~2 300毫米，负氧离子每立方厘米8 200个以上，具有“温而不热、凉而不寒、爽而不燥、润而不潮”。

经济发展。2011年全县生产总值16.8亿元，比上年增长12.6%。全社会固定资产投资27亿元，比上年增长102%。地方财政一般预算收入2.3亿元，比上年增长47.2%。城镇居民可支配收入15 300元，比上年增长17.9%，农民人均纯收入4 482元，比上年增长29.8%。在海南省市县经济和社会发展主要指标考核中，保亭县综合得分排位大幅提升，由2007年第十二位提高到2010年第三位。2010年荣获海南省中部市县农民增收工作二等奖。先后荣获“国家卫生县城”“国家园林县城”“全国文明县城”“中国民间文化艺术之乡”等荣誉称号。

近几年来，惠民与扶贫工作取得较好业绩。完成农村茅草房改造任务，共改造2 210户、受惠农民8 800多人；新建农村户用沼气“一池三改”3 751户；投入9.8亿元开工建设凤凰、桃源、芙蓉、杏林等保障性住房小区共5 033套，已竣工使用1 500套；全面落实在校学生“两免一补”政策，完成教育移民2 821人；投资5 614万元新建县人民医院；乡镇卫生院、村卫生室覆盖率

保亭黎族苗族自治县城

槟榔谷

达100%；农民参加新型农村合作医疗达98%；新农保参保率达93%，基础养老金发放率达100%。累计开发公益性岗位725个，安置失地农民147人；新增城镇就业岗位10 155个，下岗失业人员实现再就业1 667人；农村劳动力转移15 022人；创建文明生态村116个；广播电视覆盖率达98%。

保亭热带雨林、温泉和民俗文化资源丰富，旅游业长足发展。2011年全县接待旅游人数234.8万人次，实现旅游收入3亿元，旅游业直接拉动就业人数4 000人。在保持“国家卫生县城”“国家园林县城”“全国文明县城”称号基础上，保亭又获得“中国的最佳文化生态旅游目的地、最佳绿色旅游名县和最具民俗文化特色旅游目的地”三项荣誉。保亭著名的旅游景区有：呀诺达雨林文化旅游区（国家AAAAA级景区）、甘什岭槟榔谷原生态黎苗文化旅游区（国家AAAA级景区）、七仙岭温泉国家森林公园、什进村布隆赛乡村文化旅游区，以及即将开发的毛感仙安石林、仙龙溶洞生态旅游区、八村民俗文化生态旅游区等景区。君澜雨林酒店是我国唯一入选联合国环境总署发起的“全球生态度假村”联盟名录的酒店。每年的保亭黎苗风情传统民间盛会、中国海南七仙温泉嬉水节，更是扬名海内外，备受世人的追崇。

白沙黎族自治县

白沙黎族自治县位于海南省主岛——海南岛中西部，北纬18°56′~19°29′，东经109°02′~109°42′，东与琼中黎族苗族自治县接连，东南与五指山市交界，南与乐东黎族自治县相连，西与昌江黎族自治县接壤，北与儋州市毗邻，南北长63公里，东西宽68公里，总面积为2117.73平方公里。

全县辖11个乡镇，82个村（居）委会，428个自然村，3个国营农场，县政府驻牙叉镇。民族构成为黎族、汉族、苗族、壮族等，全县总人口20.3万人，其中黎族人口占60.1%、汉族占36.7%、苗族占1%、壮族占1.5%、其他占0.7%。主要语言为黎语、海南语、普通话、苗话、儋州话。

历史建制。白沙黎族自治县西汉时属儋耳郡至来县，东汉时属合浦郡珠崖县，从元代至民国，白沙先后属琼山、定安、儋县、临高、昌感等县。1935年春4月，设置乐东、保亭、白沙三县。1958年11月并入乐东县，1961年恢复，1987年12月成立白沙黎族自治县。

白沙属热带季风性气候，高温多雨，光热充足，全年日照2 056小时以上，年平均气温21.9℃ ~ 23.4℃，年平均降雨量1725

白沙黎族自治县县委办公大楼

▲

鹦哥岭

毫米，山区气候特点突出，东南部多雨，西北部少雨。雨量主要集中在5—10月份，占全年降雨量的85%。11月份至翌年4月为旱季，雨量仅占全年雨量的15%。

白沙县自然资源丰富。珍贵木材有花梨、母生、子京、坡垒、石梓、青梅、油丹等；有国家重点保护的一类动物：坡鹿、黑冠长臂猿、云豹、小爪水獭、山鹧鸪、隼游等6种，二类保护动物：猕猴、穿山甲、巨松鼠、水獭、大灵猫、水鹿、白鹇、孔雀雉、山瑞、蟒蛇等12种。

经济概况。2012年，农村居民人均纯收入由三年前的3 079元，增加到5 785元，三年增收2 706元，增长87.9%，平均每年递增23.4%，超额完成三年增收1 937元、农民年终人均纯收入5 016元的目标，比上年增长22.1%，增幅排海南省第三位。城镇居民人均可支配收入17 257元，比上年增加2 251元，增长15%。居民存款大幅提高，年末城乡居民储蓄存款余额22.93亿元，人均储蓄存款11 465元，分别增长18.8%和20.5%。居民消费水平明显提高，生活质量不断提升。

农业经济保持平稳增长。以橡胶、甘蔗、木薯为主的传统农业产业化水平；加快发展以竹子、生姜、南药和白沙土鸡等新兴特色产业，打造白沙贡姜、白沙土鸡、白沙生态米等农产品品牌，投资3 900万元用于冬季瓜菜基地建设和农林产品加工与交易基地等建设，促进农业经济健康平稳发展。2012年，农林牧渔业总产值完成28.64亿元，同比增长2%，其中，种植业完成10.241亿元，增长9%；林业完成12.76亿元，下降4%，牧业4.46亿元，增长6.2%；渔业产值7 683万元，增长11.6%。

旅游业发展前景好。天涯驿站、那吉跑马场等乡村旅游及水上游艇观光等旅游项目相继建成；金凯大等一批酒店建成，旅客入住率较高，邦溪芭蕉水库旅游度假项目、邦溪南斑水库名仕山湖城项目、木棉湖旅游区项目等旅游项目正在加紧建设。2012年，接待旅游过夜人数21.5万人次，增长70.8%，旅游酒店开房率60%，旅游业带动消费日益突显。

积极推进美丽乡村建设，全年新建美丽乡村40个，总投资4 500万元。加强森林资源保护和培育，继续推进城镇人居环境创建工程，加强生活垃圾和污水处理，加大对工业、医疗、运输、餐饮等部门污染物（气）排放的监督和管理，使白沙县生态环境得到保护与恢复，城镇空气质量优良，主要污染物二氧化硫、二氧化氮含量符合国家环境空气质量一级标准，地表水质量总体保持良好。2012年，全县有省级自然保护区2个，自然保护区面积25 349公顷，当年造林面积1 364公顷，增长1.58倍，森林总面积17.66万公顷，森林覆盖率达83.34%，活立木蓄积量1 466万立方米。

陵水黎族自治县

陵水黎族自治县位于海南省主岛屿——海南岛的东南部，北纬18°22′~18°47′、东经109°45′~110°08′，东濒南海，南与三亚市毗邻，西与保亭黎族苗族自治县交界，北与万宁市、琼中黎族苗族自治县接壤，南北长40公里，东西宽32公里，总面积1 128平方公里。下辖2个乡9个镇：椰林镇、新村镇、英州镇、本号镇、隆广镇、三才镇、光坡镇、文罗镇、黎安镇、提蒙乡、群英乡。2009年，全县总人口36.46万人，其中汉族人口16.29万人，

陵水黎族自治县人民政府

黎族人口20万人，苗族人口732人，其他少数民族979人，分别占44.7%、54.9%、0.2%和0.2%。

历史沿革。陵水历史悠久，早在新石器时期，已有先民繁衍生息。先秦为象郡外缴，汉为儋耳郡地。汉武帝元封元年（前110），在海南岛置珠崖、儋耳两郡，陵水属珠崖郡山南县。汉元帝初元三年（公元前46），改珠崖郡为朱卢县，属合蒲郡。622年，唐代置崖、儋、振三州，陵水县属振州，662年置万安州，陵水改属万安州。北宋熙宁六年（1073）改万安州为万安军，领万安、陵水等四县；宋绍兴六年（1136），废万安军，陵水县改属琼州；绍兴十三年（1143），复设万安军，陵水县还属万安军。明洪武三年（1370），升琼州为府，陵水县属琼崖妥蜻处，民国二年（1913），陵水县属琼州镇守府。从1921年陵水县先后归属琼崖善后处、琼崖妥蜻委员公署，广东省第九行政督察委员公署，海南特别行政区。1927年至1931年间，陵水县苏维埃政府成立，1945—1946年成立陵保县抗日民主政府，1948—1950年4月，成立陵水县民主政府，1950年4月28日，陵水县解放。1951年8月14日成立陵水县人民政府，隶属海南行政区。1954年1月隶属海南黎族苗族自治州。1958年12月，陵水、崖县、保亭三县合并为榆林县，次年2月改称崖县，隶属海南行政区公署。1961年6月1日，恢复陵水县建制。1962年，海南黎族苗族自治州恢复，陵水县隶属海南黎族苗族自治州。1987年12月，陵水黎族自治县成立。

陵水境内地势西北高，东南低。地形主要由山地、丘陵、平原组成。丘陵与山地主要分布在西北部，平原主要分布在东南沿海。地处北回归线以南，属热带岛屿性季风气候，高温多雨，夏秋多雨，冬春干燥。年平均气温25.2℃，年平均雨量为1 500~2 500毫米，主要集中在8—10月份。光照充足，全年无霜，适宜热带作物和反季节瓜菜的种植。

自然资源丰富。在吊罗山保护区有世界珍稀树种青皮、红绸、黑绸、坡垒、橄榄、花梨等；有国家一级保护鸟类海南山鹧鸪，二级保护野生动物老鹰、红鸮（红猫头鹰）、白鹭，省级保护野生动物八哥、金丝燕等十多种。

陵水拥有1 223平方公里的海域面积。东北以分界洲岛为起点，沿135°角向深海伸延12海里，东南与三亚市海域交界。海域有香水湾、陵水湾、清水湾和土福湾四个海湾，天然港口有新村港、黎安港、水口港、山中港、港坡港等。

经济概况。2011年与2006年相比，陵水全县完成生产总值从20.8亿元增加到61.62亿元，年均递增16.1%；地方财政一般预算收入由6 188万元增加到17.6亿元，年均递增95.3%，连续五年保持高速增长，增幅增速均位居海南省前列；全社会固定资产投资由5亿元增加到87.9亿元，年均递增79.2%；2011年社会消费品零售总额8.79亿元，年均递增23.2%；农民人均纯收入5 408元，年均递增16.7%，城镇居民人均可支配收入15 110元，年均递增18.9%。

2011年农林牧渔总产值40.9亿元，比2006年增加21.6亿元，年均递增8.4%。全县建成无公害生产基地8个，设施农业从2005年的5 000亩发展到3万亩，有机农业面积从2008年的380亩发展到8 800亩，成为中国无公害瓜菜十强县之一。发展远洋捕捞业，扶持渔民建造36艘百吨钢质渔船，渔民建造深水网箱养殖64组；率先在海南全省完成中心渔港建设，在全省建立渔港安全和渔业生产监控体系；创建了新村近海抗风浪深水网箱健康养殖示范基地和新村无公害渔产品养殖基地。相继完成陵河防洪堤、小妹水库扩建等一批农业重点基础设施建设，除险加固水库17宗，农村安全饮水工程21宗，解决9.6万群众饮水难问题，全县四大灌区主干渠136公里全部实现了硬化，农业基础进一步夯实。旅游业发展迅速，2011年旅游收入突破6亿元。开工建设陵水海洋主题公园项目，启动了南湾猴岛和分界洲景区创AAAAA的改造升级工作，建成了香水湾君澜度假酒店、香水湾金缔产权式酒店等星级酒店，新建和改建了55个公厕，提前两年完成海南省下达的公厕建设任务。

旅游概况。陵水有丰富的人文和自然旅游资源。主要旅游景点有陵水县苏维埃政府遗址、日本军队侵陵刻石、三昧寺、南湾猴岛、吊罗山国家森林公园、香水湾、分界洲岛、椰子岛、土福湾、清水湾、高峰温泉等，其中南湾猴岛是著名旅游景点，是中国唯一的中华猕猴自然保护区。

琼中黎族苗族自治县

琼中位于海南省主岛——海南岛的中部，北纬18°14′~19°25′，东经109°31′~110°09′，五指山北麓，东连琼海、万宁，西与白沙黎族自治县相连，南与五指山市、保亭黎族苗族自治县、陵水黎族自治县毗邻，北跟屯昌县、澄迈县、儋州市接壤，面积2 704.66平方公里。县政府设营根镇，下辖10个乡镇及新市农场，有阳江、大丰、新进等11个国营农场。2008年，全县有99个建制村、8个社区、521个自然村，626个村民小组、10个居民小组。

琼中黎族苗族自治县人民政府大楼

总人口216 763人，黎族人口104 938人，苗族人口13 846人。

县政府驻营根镇，北距省会海口市136公里，海榆中线横贯全境，公路网成辐射状向四周展开，是海南岛公路南北、东西走向的交通枢纽。

建制沿革。琼中居五指山腹地、海南岛中部，“琼中”之名由此而来，明、清时期属定安县、琼山县管辖。1948年2月中共琼崖特委设置琼中县，隶属中共琼崖东区地委管辖。1949年3月并入琼崖少数民族自治区行政委员会。1952年恢复琼中县建置，1952年7月后，琼中县归属海南黎族苗族自治区（州）人民政府管辖。1987年12月，国务院批准，撤销琼中县，成立琼中黎族苗族自治县，划归海南行政区管辖。

琼中属于热带海洋季风区，雨水充沛，气候温和，有独特的山区气候特点，年平均降水量为2 200~2 444毫米，年平均温度22.5℃，年最高温度33℃，年平均最低温度12.8℃，日夜温差大于10℃，夏无酷暑，冬无严寒，是中外游客避寒暑的旅游胜地。境内山峦重叠，海拔1 000米以上的山峰有52座。西南部与通什交界处的五指山峰海拔1 867米，是全岛的最高峰。

琼中县旅游资源十分丰富，境内生态环境优美，山清水秀，

白沙起义纪念园

气候宜人，独具特色，主要景点有海南第一高山——五指山、黎母山国家森林公园、百花瀑布、白沙起义纪念园等，其中白沙起义纪念园是纪念1943年8月，黎族领袖王国兴带领黎族苗族人民举行震撼全琼的白沙武装起义，起义遭到挫折，王国兴派员主动寻找共产党，终于找到琼崖特委。从此，黎族人民在共产党的领导下开展对敌斗争，取得了革命的胜利。整个纪念园主要由三个部分组成，即纪念碑、纪念馆、休息亭。纪念碑由碑身、碑座、碑庭组成，高17.4米，花岗岩石条结构，整个碑造型壮观，气势雄伟。碑身正面镌刻着江泽民同志于1991年5月10日题写的“白沙起义的英烈们永垂不朽”12个大字。系海南省革命纪念建筑物保护单位。其二是琼崖党的五大旧址。其三是琼崖纵队一大旧址，等等。

经济概况。2010年，全县生产总值达13.06亿元，人均GDP达9 130元，分别是2005年的2.07倍和1.9倍；全县地方财政一般预算收入10 292万元，首次突破亿元大关，是2005年的3.14倍；全社会固定资产投资7.3亿元，是2005年的3.25倍。

2010年，全县桑蚕种植面积发展到2.39万亩，养蜂发展到4.1万群（箱），新兴特色产业已成为我县农民增收新亮点。畜牧业加快发展，从2006年起生猪出岛实现零的突破，“十一五”期间生猪出岛量为1.77万头。科技培训力度不断加大，农业规模化产业化水平稳步提高。创新农村小额贷款模式，成功解决了农民发展资金瓶颈问题，农村小额贷款模式经验向全国推广。全面实施农机具购置补贴、退耕还林、林权制度改革、家电下乡等30项惠农项目。五年来累计发放各类惠农资金10亿元，其中有27项惠农补贴资金已通过“一卡通”发放。全县累计成立绿橙、养蜂、槟榔、橡胶等61家农民专业合作组织，农民的组织化程度进一步提高。大力发展“非农经济”和“打工经济”，多渠道增加农民收入。预计2010年，全县农业增加值达62 545万元，比2005年增长93.7%。

2010年城镇居民人均可支配收入11 902元、农民人均纯收入3 513元，分别比2005年增长77%和102%。城乡居民消费水平不断提高，预计2010年社会消费品零售总额26 193万元，比2005年增长127%。

第十一章 人才辈出——名人轶事

黎族是中国古老民族之一，自远古以来在海南岛繁衍生息，是海南岛的原住民族。从古到今，在开发与建设热带海岛过程中涌现出一批批优秀人物，延绵不断，构成了黎族社会发展史的一个重要组成部分。

黎族是中国古老民族之一，自远古以来在海南岛繁衍生息，是海南岛的原住民族。从古到今，在开发与建设热带海岛过程中涌现出一批批优秀人物，延绵不断，构成了黎族社会发展史的一个重要组成部分。隋代俚人女首领冼夫人以“千峒”之主称雄琼崖；唐代的蒋璘，宋代的王文满、王居起，元代的王马，明代的符南蛇、马矢，清代的符元豪、吕那改等，他们不堪忍受民族压迫和封建压迫，为了谋求生存揭竿起义，前仆后继。

中国共产党成立后，黎族人民接受马克思主义的思想，积极投身革命。20世纪20年代，以黎族第一代大学生黄振士等为代表的黎族革命先驱，在海南岛南部地区发动和领导农民革命运动，创办了农民运动讲习所，培养以黎族农民学员为主体的革命骨干，1927年创建琼崖第一个红色政权——陵水县苏维埃政府。1943年7月，黎族领袖王国兴同志不堪忍受民族压迫，发动领导了震惊中外的“白沙起义”，并主动寻找中国共产党，创建五指山革命根据地。在抗日战争和解放战争中，数以万计的黎族儿女参加革命斗争，涌现了全国战斗英雄陈理文等一批优秀人物。中华人民共和国成立后，黎族在政治领域、历史文化、文学艺术、教育、医学、体育、影视等研究领域人才辈出。

黎族革命先驱者

黄振士

黄振士（1895—1931），原名黄福生，广东省陵水县黎亭峒坡村人，琼崖早期革命运动杰出的组织者和领导者。

1895年黄振士出生于黎族峒长家庭，从小受到较好的教育，8岁时到陵水县同仁学堂读书，毕业后到当时海南琼崖中学读书。1919年黄振士考进广东高等师范学校，后来转到国立广东大学文学院深造。在校期间，黄振士博览群书，对当时的《新青年》等进步书刊产生了浓厚兴趣，《广东群报》成为他每天必读之物。1924年1月至1925年5月，黄振士与徐成章、杨善集等一批热血青年，以“改造社会”为宗旨，成立了“海外品学观摩会”，出版《觉悟》杂志会刊；接着又组织了琼崖少年同志会，出版《新琼崖评论》。1925年春，黄振士加入中国共产党，并受党指派以个人身份加入国民党。

◀ 黄振士

1926年1月，黄振士、雷永铨等80多人受中共广东区委的派遣，跟随国民革命军第十二师入琼后，黄振士到陵水县国民党党部工作，任中国国民党陵水县执行委员会主任。1927年4月12日，蒋介石在上海发动反革命政变后，根据琼崖地委指示，黄振士立即率领县党政机关和农训所学员120多人撤到西区坡村。

1927年6月，琼崖地委在乐会四区宝墩村召开紧急会议，根据省委指示，将中共琼崖地委改称为中共琼崖特委。黄振士出席了会议，并在会上汇报了陵水县革命情况和农军组成情况。会后特委派何毅、欧赤、冯娥群、王志超等带领一个短枪班随黄振士到坡村指导工作。6月24日，陵水县反动头目邱海云、曾三省一伙带领中区民团100多人向坡村进犯，在黄振士等人的指挥下，农军将敌人包围，经过一个多小时的激战，毙敌10人，活捉10余人。这是陵水人民在共产党的领导下向国民党反动派打响的第一枪。

1927年7月初，陵水县第二次党代会在坡村召开，宣布成立中共陵水县委，黄振士当选为第一任县委书记。

1928年2月18日，黄振士出席了琼崖特委第三次党代会，当选为特委委员。

1929年1月，琼崖特委派黄振士（1928年秋返特委）以特派员的身份回陵水县、崖县开展恢复两县县委的组织工作。在他的努力下，西北区的黎族峒主和团董都陆续带兵参加农军。

1930年3月，黄振士被调往中共琼崖特别委员会经济委员会任副主任，4月中旬，出席在母瑞山召开的琼崖第四次党代会，当选为特委委员。同年秋他潜入陵城开展兵运工作，通过驻陵城的国民党军陆战连排长陈平（中共党员）策动一个连起义，编为琼崖红军独立师第三团第三营，任党代表，并亲自率领该营第三次攻打陵城，救出被监禁的30多名群众，与陈平指挥该营红军攻打藤桥国民党军驻军。8月30日，黄振士奉命与王克礼、陈平带领起义营回到中共琼崖特别委员会驻地。

1931年夏，黄振士写信给在陵水县乌牙峒的父亲黄国仁和叔父黄国义，要他们将200块银圆交给陵水县苏维埃政府经委主任曾宪成，让他带去特委，支持革命。曾宪成派人将银圆送往特委时，被反动分子劫持。随后又趁黄振士和警卫员卓亚伦在乐会大路乡一带开展工作时，开枪袭击。黄振士身中数弹，不幸牺牲，时年36岁。新中国成立后，黄振士被追认为革命烈士。

海南农民自卫军杰出指挥员黄家连

黄家连（1898—1928），革命烈士，海南农民自卫军杰出指挥员。

黄家连1898年出生于海南省陵水黎族自治县隆广镇东光村，少年在保亭县念初级小学，后转到陵水县同仁学堂学习，毕业后回家务农。1926年夏，在黄振士的影响及引导下参加革命活动，8月任陵水县东光首弓乡农会负责人，9月到陵水县农训所受训。“四一二”事变后，随黄振士率领的县党政机关和农训所学员撤退到坡村建立革命根据地。此期间，加入中国共产党，受党组织委派到西区的坡村、万丛、吊葵、马岭及北区的花丛、乌牙等峒争取黎族峒主的武装工作。1927年5月中旬陵水县农民自卫军成立，任西路农军指挥员。7月18日，率领陵水县农民军突击队首先攻入县城，9月底率领农民军40多人抗击民团、土匪200多人的进攻，以少胜多，毙敌40余名。1927年11月又率领西路军攻入县城，并于12月中旬至1928年2月间带领农军配合徐成章率领的红军营，先后歼灭新村港、藤桥市、三亚镇及大凌坡、甬尾山一带残敌。1928年6月21日，国民党蔡廷锴部刘占雄团包围东光据点时，黄家连率领西路农军，配合县主力农军与敌展开激战。在战斗中身先士卒，英勇作战。后为掩护黄振士率领主力农军突围，不幸身中数弹，壮烈牺牲，年仅30岁。

中华人民共和国成立后被追认为革命烈士。

海南黎族苗族自治州第一任州长王国兴

王国兴（1894—1975），广东省定安县红毛峒番响村人，“白沙起义”的领导者、黎族人民的领袖、海南黎族苗族自治州第一任州长。

王国兴

1894年王国兴出生于一峒长家庭，少年时期为人正直，热爱劳动，擅使弓箭。1935年9月，国民党以“抗丁抗税”的罪名将其父王政和逮捕入狱，王政和去世后，国民党不让王国兴担任峒长职务，而是委任他为乡长。1939年2月日军入侵海南岛，国民党不抵抗，退守五指山地区，鱼肉黎族苗族群众，掳掠奸淫，无恶不作。此时，国民党反动派又在五指山制造了骇人听闻的“五一三”屠杀苗族同胞惨案，其暴戾行为惨绝人寰，令人发指。这次事件使黎族同胞意识到国民党反动派也会同样加害黎家人，作为黎族头人的王国兴决心带领黎族同胞拿起武器反抗斗争。

1942年6月，王国兴召开各保保长会议，大家一致同意起义。8月，召开了第二次会议，组织起义队伍。12月，第三次会议进行起义前军事部署，决定于1943年7月20日举行全县总暴动，推举王国兴为起义总指挥。但因泄露了起义风声，17日凌晨起义提前进行，白沙县的男女老少全部投入战斗。26日，白沙起义达到高潮，白沙县直接参加战斗的黎胞就有3万人，在战斗中歼敌800余人，缴获枪支300多支。国民党胆战心惊，仓皇溃逃。后因国民党重新集结兵力，发起疯狂反扑，血腥镇压白沙起义，起义失败。王国兴等率领起义军撤到鹦歌岭，坚持斗争，并主动派人寻找红军，1943年冬找到了琼崖纵队，并在中共琼崖特委的指导下，王国兴重回五指山区，开展游击战争，开辟了白沙革命根据地。1945年8月8日，白沙县抗日民主政府成立，王国兴任副县长。

抗日战争胜利后，国民党发动内战，调四十六军到海南，

白沙起义领袖王国兴之墓

1946年3月，分五路进攻白沙等革命根据地和游击区。王国兴领导黎族人民坚持战斗，建立了县猛进队、英勇队、区常备队、乡常备班、村后备队等武装，共5 000余人，配合琼崖纵队主力粉碎了敌人的“围剿”。1947年4月底，海南军民一举攻克番阳、万冲等敌据点，解放了白沙、保亭、乐东三县全境，建立五指山区根据地。

1949年夏，王国兴受党中央之邀，到北平参加全国政治协商会议，并当选为全国政协第一届委员以及中央人民政府民族事务委员会委员。1950年5月1日，海南岛解放。1952年，王国兴当选为广东省海南黎族苗族自治区主席；1953年，被选为全国人民代表大会代表，5月20日，加入中国共产党。1955年自治区改称自治州，任第一任州长。

1975年1月7日，王国兴在海口市因病逝世，享年81岁。

琼崖纵队特等功臣、全国战斗英雄陈理文

陈理文（1928—1986），广东省保崖县加茂镇什小村人，琼崖纵队特等功臣、全国战斗英雄。

1928年10月出生于黎族贫苦农民家庭，1941年参加琼崖抗日独立总队。1946年加入中国共产党。曾任琼崖纵队班、排长。1949年在定安屯昌战斗中，带领突击班率先占领外围工事，接连攻克敌24个碉堡，为主攻部队打开通路。同年，在儋县南辰战斗中，手榴弹用完，敌人碉堡尚未炸毁。他迂回到碉堡后侧，猛冲

进去，与敌搏斗，夺取了碉堡，为攻克南辰扫除了障碍。在他参加的大大小小100多次战斗中，先后负伤4次，立大功4次，英勇善战，战绩显著，被评为“琼崖纵队特等功臣”，1950年被中央军委授予“全国战斗英雄”的光荣称号。

陈理文铜像

新中国成立后，先后任副连长、海南军区教导大队副中队长、保亭县县长，中共保亭县委副书记，海南黎族苗族自治州检察院检察长、自治州中级人民法院院长、州党委常委兼政法委主任、自治州第二届政协主席。

1986年4月病逝，享年58岁。

2010年7月1日，保亭黎族苗族自治县隆重举行全国战斗英雄陈理文同志铜像安放暨革命英烈陈列室建成开放仪式，这是该县加强爱国主义教育，推动全县红色文化事业发展的重要举措。

黎族人民的好干部

黎族人民的好干部王越丰

王越丰（1930—1999），广东省定安县中平镇加垌村人，1930年9月出生，1948年4月参加工作，1951年2月加入中国共产党。曾任海南省委常委、副省长、省政协副主席。

王越丰

王越丰同志自参加工作以来，几十年如一日，为党和人民的事业辛勤工作，努力完成党交给的各项任务。他认真贯彻执行党的路线、方针和政策，特别是党的民族政策。他工作作风扎实，善于调查研究，经常深入基层了解实际，提出符合实际的工作思路和发展计划，率领群众艰苦创业，为改变民族地区贫困面貌做出了重要贡献。他密切联系群众，关心群众疾苦，热心为人民排忧解难，同海南各族人民结下了深厚的情谊。他作风正派，胸怀坦荡，坚持原则，坚持真理，敢于开展批评与自我批评；他公正无私，严于律己，艰苦朴素，在干部群众中享有崇高威望。他兢兢业业，积劳成疾，在与病魔进行顽强斗争的同时，仍然关心民族地区的开发建设，关心海南的改革开放，关心国家大事，为海南的开发建设付出了毕生精力。

1999年7月病逝，享年69岁。

王家贤

王家贤（1934—2011），广东省定安县红毛镇番响村人，黎族领袖王国兴同志的长子，曾任海南省政协副主席。

王家贤

1934年10月出生于琼中县红毛镇番响村，1945年2月参加革命工作，1956年2月加入中国共产党。1945年2月至1949年11月任琼崖纵队勤务员，1949年11月至1950年5月任琼崖公学少年儿童班学员，1950年5月至1951年6月任海南白沙县建团工作队队员。1951年7月至1951年12月任南方大学民族班学员，1951年12月至1957年9月任中央民族学院政治系学员。1957年9月至1958年12月任海南自治州党委办公室干事，1958年12月至1962年6月任海南民委科员，1962年6月至1973年3月任海南黎族苗族自治州委政策研究室副科长，1973年4月至1982年4月任海南黎族苗族自治州物资局副局长，1982年5月至1987年6月任海南黎族苗族自治州民政局局长，1987年7月至1988年4月任海南黎族苗族自治州人大常委会副主任，1988年5月至1991年7月任海南省民政厅副厅长、一届海南省政协常委，1991年8月至1995年1月任海南省民委主任、党组书记、一届海南省政协常委，1995年1月至1996年1月任海南省民委主任、党组书记、二届海南省政协常委，1996年2月至1998年4月任海南省政协副主席，曾当选第八届全国政协委员、第九届全国政协常委。2003年12月离休，享受正省长级待遇。

2011年4月8日，在海口逝世，享年77岁。

王学萍

王学萍(右)

王学萍，1938年出生，广东省定安县什运乡牙挽村人，中共党员。曾任中共海南省委常委、省政法委员会书记，海南省人民政府副省长、海南省人大常委会副主任。

1953年9月参加工作，任共青团广东省白沙县委组织部干事、学校工作部副部长；1956年9月加入中国共产党；1964年暨南大学经济系政治经济学专业毕业后为广东省委组织部“四清”工作队队员；1966年11月后任共青团广东省白沙县委负责人，白沙县革委会政工组干事、宣传办公室副主任。

1972年10月任共青团广东省白沙县委书记；1975年8月后任中共广东省白沙县委常委兼共青团广东省白沙县委书记，共青团海南黎族苗族自治州委书记；1981年4月任中共广东省琼中县委副书记、代理书记；1983年7月任中共广东省海南黎族苗族自治州委副书记、广东省海南黎族苗族自治州州长，三亚市筹备组负责人。1988年4月任海南省监察厅厅长；1991年4月任海南省副省长；1993年4月任中共海南省委常委、省政法委员会书记、海南省副省长；1998年2月至4月任海南省副省长；1998年4月至2003年1月任海南省人大常委会副主任。主编《五指山五十年》《黎族传统文化》等图书。现已退休。

中共十三大代表、中共十四届中央候补委员、中共十四届二中全会递补为中共中央委员、中共十五届中央候补委员、十届全国人大常委会委员。

杨文贵

杨文贵（1927—1996），曾用名杨天祖，广东省崖县藤桥镇人。1946年担任过民主政府代表。中华人民共和国成立初期，在中南民族学院学习。

1951年后，历任保亭县南山乡委员，县人民法院书记员、审判员、副院长、院长，保亭县委副书记、书记，县革委会副主任、主任，海南黎族苗族自治州委副书记，州人大常委会主任。

1988年海南建省后，任三亚市人大常委会主任，海南省人大常委会副主任。系中共十二大代表，七届全国人大代表，广东省人大常委会委员。

黎族专家学者

苏儒光

苏儒光，1938年出生，广东省崖县海棠湾镇（原藤桥镇）赤田新村人，中共党员，副研究馆员。

1966年7月，从中央民族学院（今中央民族大学，下同）中文系毕业，同年7月参加工作。曾任中央民族大学博物馆副馆长。多年来在国内外负责举办过许多项大型展览工作，发表几十篇有影响的论文。参加《中国少数民族服饰画册》《中国少数民族文化丛书》《中华民族服饰文化大型画册》《中国少数民族艺术辞典》等编纂工作。多次应邀去台湾、香港，日本、韩国、荷兰等地区和国家进行访问、举办展览、学术交流活动。1993年应“国际民居会议”的邀请，出席了“国际民居学术会议”，并在大会上发表了学术论文，1987年获副研究馆员职称。1988年8月，冒着生命危险在京密运河抢救了三名落水者，学校《周报》《人民日报》《北京日报》等都报导他舍身救人的事迹，学校党委发出通知，号召全校党员和教师、学生学习他的事迹。1994年，被评为北京市百名好家长；1997年6月，被中央民族大学评为“优秀共产党员”。

文明英

文明英，1936年出生，广东省崖县藤桥镇人。中共党员，副教授。系中国民间文艺家协会会员、中国少数民族作家协会会员，第一、二届北京市民族联谊会理事，《壮侗语族语言词汇集》编辑，《中国民间情歌·少数民族卷》编委。

1956年6月参加工作，1967年中央民族学院毕业，1996年退休。先后在广东省海南黎族苗族自治州民族语文研究指导委员会、民族语文学校工作。1958年8月，调入中央民族学院工作，历任教员、科研和图书管理员、图书馆党支部委员、治保会主任、流通保管组组长、语言研究所工会主席、校部工会委员，系党总支委员、支部委员、支部书记、教研室副主任、研究生导师。1991年评为副教授，专著有《海南省临高人的族属问题》《黎文》《黎语》等，分别获1990年、1994年、1996年国家民委科技进步和民族政策研究优秀成果一、二等奖；合著有《中国少数民族文学作品选》（第二分册）、《中国民间情歌·少数民族卷》《中国少数民族情歌选》《中国少数民族谚语选》《中国少数民族文化史》（黎族部分）、《中国文化通志》（黎族部分）、《民间情歌三百首》《壮侗语族语言词汇集》《壮侗语族语言文学资料集》《壮侗语族谚语》和《海南临高话》等。个人传略收入《中国文艺家传集》《中国现代民间文学家辞典》《中国当代教育名人大辞典》《中国当代艺术界名人录》《中国少数民族专家学者辞典》《中国黎族大辞典》和《中国大文化英才辞典》。

王国全

王国全，1939年出生，广东省保亭县通什镇报龙村人。中共党员，副研究馆员，中国当代文博专家。1939年出生于黎族“合亩制”亩头家庭，从小生活在海南岛五指山合亩制社会，深受其文化熏陶。

1950年5月，海南岛解放后就读于通什乡人民政府创建通什中心小学；1957年7月，考入海南黎族苗族自治州师范学校，在学校党支部教育和培养下，1960年1月加入中国共产党，完成了从黎族合亩制末代亩头到中共党员的转变。

王国全 ▶

1960年7月，王国全从自治州师范学校毕业。历任保亭县小学校长、中共保亭县委宣传部干事兼理论教员、县保卫组办案办公室主任、县摘掉右派分子办公室主任、县法院副院长、县委宣传部副部长等职务。1963年7月至1964年7月，在广东省中级党校理论班学习。1981年任海南黎族苗族自治州抢救民族文化遗产领导小组成员，保亭县第一届政协委员、自治州第一届政协委员；1984年任海南行政区博物馆筹建办公室副主任；1987年至1990年在中山大学人类学系进修；1988年任海南省民族博物馆馆长、海南省第一届政协民族委员；1997年任海南省民族宗教事务厅政法处调研员。

王国全从事文化工作20多年，深入海南岛黎、苗、回等民族乡村调查研究，为抢救民族文化遗产做了大量实际工作。1984年，在保亭县举办搜集文化遗产展览，受社会各界的好评，特别是来自中国南方各省的“百越民族史学会”会员。任海南黎族苗族自治州拍摄民族传统服饰小组组长，带领拍摄小组用两年时间拍摄了黎、苗、回等民族传统服饰4 000多张照片，其中彩色照片2 000多张。1985年出版专著《黎族风情》，为海南发展旅游业提供了资料；先后发表《黎族合亩制存在的客观条件》《黄道婆与黎族棉纺织工艺》《黎族祖先是开发五指山的行者》《黎族在历史上的重大贡献》《黎族妇女文身习俗》《琼籍苗族的来源》《琼籍苗族婚俗》《琼籍回族的文化特征》等论文和文章82篇。

在海南省博物馆筹建办任职期间，完成李硕勋烈士（李鹏总理的父亲）在海口牺牲遗址考证工作，建立李硕勋纪念亭；担任电影剧《冼夫人》《白沙恨》的拍摄民俗顾问。

王国全任海南省民族博物馆馆长期间，组织指导征集馆藏各类文物1万余件，为民族文化宫征集黎族文物180件，为中央电视台编写《祖国各民族团结进步大家庭——黎族》节目，参加《黎族大辞典》《中国黎族》等书稿编纂工作，专业水平获同行好评。

1999年退休后，王国全任海南省民宗委下属事业单位老干部党支部书记，撰写的《党支部是我的家》获2013年度海南省委直属机关党性征文一等奖。

黎族各种技艺传承人

黎族传统纺织染绣技艺代表性传承人容亚美

容亚美，广东省乐东县千家镇永益村人，海南省第一批非物质文化遗产项目代表性传承人、国家级非物质文化遗产项目代表性传承人。

1955年6月出生于广东省乐东县千家镇永益村，自幼在母亲张雪云的影响下，8岁开始在母亲身边学习织锦，13岁就基本掌握织锦技艺。她能够熟练运用古老的手捻纺锤工具纺线，识别运用多种植物汁液将纱线染成红、黄、棕、咖啡、黑、褐等色线，使用古老的纺织工具——踞腰机进行正面或反面织造、单面织与双面织。她继承了黎族哈方言抱怀人织锦的精湛技艺，织造出男子道公袍、人纹大被、方孔铜钱纹被、公鸡纹筒裙、人纹筒裙、龟纹被等代表抱怀人高水准的作品，织造技艺与图案艺术达到炉火纯青的境界，她是娴熟掌握完整黎族纺染织绣技艺的佼佼者。

2006年，容亚美被文化部授予第一批国家级非物质文化遗产名录“黎族传统纺织染绣技艺”代表性传承人。

2009年，容亚美入选联合国教科文组织“急需保护的非物质文化遗产名录（黎族传统纺织染绣技艺）”代表性传承人。

2009年，容亚美被国家人事与劳动部和文化部评为“全国非物质文化遗产保护先进工作者”。

2012年，容亚美荣获首届“中华非物质文化遗产传承人薪传奖”。

容亚美

中国民间艺术杰出传承人王妚大

王妚大，广东省定安县什运乡什运村人，黎族杰出的民歌传承人、国家级非物质文化遗产项目代表性传承人。

1923年12月出生于广东省定安县什运乡什运村，自幼喜欢唱黎族民歌，10岁时随堂叔学习民歌，12岁时，为了学唱情歌，积极充当出嫁新娘的伴娘，到各黎族村寨学习情歌。她记忆力很强，熟记30多种不同的黎歌歌词，能唱上千首民歌，其他黎族方言已失传的歌调她仍能记清楚。21岁时，她陪同新娘送嫁到定安县红毛镇毛西村，村里的男女歌手要跟她对歌决高下。她滔滔不绝地跟她们对唱一整夜的歌，对方最后无还手之力，从此名声大震，传遍黎村。

王妚大

从1955—1963年，王妚大创作了十多首脍炙人口的黎族杞方言民歌，其中最著名的有《叫侬唱歌就唱》《有歌不唱留做乜》《解放军真是好》《哎来哟调》等，她不仅能根据不同场合和对象创编新的歌词，而且能根据传统歌谣中的某一音节，即兴创作出一首全新的民歌。她创作的这些民歌20世纪六七十年代在黎族地区广为流传，她因此被誉为黎族歌后。

王妚大不仅自己唱民歌，还培养出王玉梅、王玉香等一批著名民歌手。经她举荐和辅导的琼中县营根镇柏村著名民歌手王玉梅（大玉梅），1964年赴北京人民大会堂演唱黎族民歌《感谢恩人毛泽东》，受到周总理亲切接见；并多次在省、自治州和县的民歌比赛中屡屡获奖。

她的民歌录入《中国民歌大典》，被《诗刊》和《战地新歌》刊登。王妚大两度到北京人民大会堂献歌，被文化部授予“突出贡献奖”；2006年被文化部确认为国家级非物质文化遗产项目（黎族民歌）代表性传承人，2007年6月被中国文联、中国民间文艺家协会评为“中国民间艺术杰出传承人”，琼中黎族苗族自治县授予她“终身成就奖”。

黎族传统纺织染绣技艺代表性传承人刘香兰

刘香兰，广东省保亭县番茅村人，国家级非物质文化遗产项目代表性传承人。

1968年刘香兰出生于海南省五指山市番茅村，13岁开始跟母亲学习织锦技艺，15岁时就掌握黎族杞方言人纺、染、织、绣等织锦技艺。2004年以来，刘香兰在海南省举办的多次黎族织锦技艺比赛上，荣获一、二等多项奖项，许多精美的黎锦图案深深地印在她的脑海中，她织造的黎锦畅销国内外。

刘香兰

为传承黎族织锦技艺，并使之走上规模化、产业化发展道路，2005年，刘香兰创办一个织锦公司，把全村的妇女集合起来织锦：一来可以让黎锦得以传承，让更多的人来织锦；二来可以赚钱贴补家用，带领全村妇女致富。

2007年，她成立了海南省五指山市番茅黎族织锦有限公司，创办了“黎族传统纺染织绣技艺传习所”，动员本村和周边村寨的妇女加入织锦队伍，带领全通什地区的妇女走上了致富之路。她每年免费举办四五期织锦技艺培训班，100多人学到了织锦技术。凡有外商上门订货，她就把任务分到织锦农户家中，让村民从织锦中收获到劳动获得的喜悦。

2009年，刘香兰被文化部授予第三批国家级非物质文化遗产项目“黎族传统纺织染绣技艺”代表性传承人；并被海南省民族技工学校聘为黎族织锦技艺专业教师。

“民间工艺百杰”韦勤

韦勤，广东省乐东县大安镇大安村二队人，教师、黎族著名

韦勤十大神剪证书与奖杯

剪纸艺人，系海南省美术家协会会员、中国国际剪纸协会会员、海南省民族美术家协会理事、海南省工艺美术协会理事。

1966年9月至1988年9月在县进修学校学习美术油画专业；1992年在海南省乐东黎族自治县抱由镇压工家小学任代课教师；1993年参加海南省乐东黎族自治县大安镇首届剪纸培训班；2008年7月参加海南省首届剪纸创作研讨班；同年10月参加海南省各市县文化馆、书法骨干培训班学习；2010年5月结业于南京大学第四期高级剪纸研修班，同年11月参加海南省群众艺术馆剪纸创作培训班学习。创作剪纸作品以黎族风情为题材，表现手法丰富，获奖作品多。

2010年8月荣获“晋唐风韵”全国书画艺术大赛“金奖”，被授予“中华文化传承人”称号；2010年9月荣获第六届“金鼎奖”全国书法、美术展“金奖”，授予“中国美术百杰”称号；2011年乐东黎族自治县县委县政府授予“乐东县优秀人才代表”称号，2011年12月荣获喜迎党的十八大全国书画家优秀作品邀请展“金奖”，被授予“当代杰出功勋书画家”称号；2012年8月荣获首届“神州杯”美术、书法民间工艺大展赛“金奖”，特别授予“民间工艺百杰”称号。

黎族文学艺术家

黎族第一代作家龙敏

龙敏，1951年出生，海南省乐东县抱由镇抱由村人，中共党员，黎族第一代作家，系中国作家协会会员、中国少数民族作家学会理事、中国民间文艺家协会会员、中国民族学会会员、海南作家协会理事、海南省民间文艺家协会副主席，海南省文联第一、二届委员。

1958年至1963年在乐东县小学读书，1963年至1966年在乐东县抱由中学（今乐东中学）读书。1978年10月参加工作，任乐东县抱由镇文化班干事。1981年被中国作协广东分会推荐到中国作家协会文学讲习所（今鲁迅文学院）学习。在校期间，完成了黎族第一部中篇小说《黎乡月》，1986年出版。1982年从中国作协文讲所毕业后，调到乐东县文化馆任副馆长，1985年调到乐东县文化局任社文股长、副局长等职（期间，1991年被海南省委组织部推荐到中共中央党校进修二班学习），1996年调到乐东县文联任副主席，1998年调到乐东县文体局工作，任主任科员至2012年退休。

龙敏

先后获全国先进工作者、全国民族团结进步先进个人两次、全国自学成才优秀人物、全国农村文化艺术先进工作者、海南省先进文化局长、海南省“德艺双馨”优秀艺术家、乐东县文化工作模范等称号。

著名黎族歌唱家陈忠

陈忠，广东省乐东县抱由镇保定村人，中共党员，国家二级声乐演员，著名黎族歌唱家。系中国民族声乐协会理事，海南音乐家协会一、二届理事，海南省青年联合会一、二届常务委员，琼州学院外聘教授，海南省海外联谊会理事，现任海南省民族歌舞团副团长。

陈忠

1975年3月至1981年9月在乐东县文工团工作；1981年9月调入广东省民族歌舞团任歌唱演员；1982年考入中央民族学院（今中央民族大学）艺术系声乐班，毕业后回广东民族歌舞团工作；1985年任广东省民族歌舞团歌队副队长；1989年9月任共青团海南省委宣传部主任科员；1991年2月任海南省歌舞团歌队队长；2004年2月至今任海南省民族歌舞团副团长。

参加一、二届全国少数民族文艺汇演，担任主要演员；参加历届全国少数民族青年歌手大赛，荣获三等奖、优秀奖、演唱奖等；在海南省历届青年歌手大赛中多次荣获一、二、三等奖；代表海南省赴台湾参加全国少数民族文化艺术博览会，任中南五省的舞台总监和节目主持人。1994年，被国家文化部委派代表中国艺术家赴老挝参加七国演唱会。曾多次出访韩国、泰国、印度、斯里兰卡、新加坡等国家，多次为国家领导人和外国元首演出；在海南省各种重大演出活动中担任独唱、领唱；参加海南省第一部电视连续剧《碧血白沙》的拍摄，担任主要角色并演唱电视剧主题歌；在二十集电视剧《太阳雨》中担任主要角色；先后录制《海南狂热》《琼岛乡音》《五指山之歌》等海南民族歌曲光碟。多年来先后独自创作改编并演唱的代表作品有海南人民家喻户晓的《久久不见久久见》《高高的山顶唱山歌》《苗岭山情》《我是山里人》《欢迎你到黎寨来》《海南的天、海南的海》等。曾为海南省民宗厅《民族区域自治法》知识竞赛电视晚会创作主题歌《民族之歌》。长期以来挖掘了大量海南民族民歌，是海南方言歌曲的开拓者，把海南方言歌曲、黎族民歌推向全国，推向海内外，为海南的文化艺术做出了重大贡献。

陈忠个人传略被载入《中国专家名人辞典》《中国音乐家辞典》《中国艺术家辞典》《中国黎族大辞典》《黎族音乐史》等。

海南黎族第一小生王宏夫

王宏夫，1959年出生，广东省白沙县元门乡人，著名琼剧演员、国家二级演员，系中国戏曲表演协会会员、海南省戏曲家协会理事、海南省演出家协会理事、海南省文化艺术界联合会委员。

1976年开始从事文艺宣传工作，历任白沙县文艺宣传队歌唱演员、演奏员，县文工团琼剧演员、团长，县文化局副局长，海南省琼剧院三团副团长、二团团长、一团团长、海南省琼剧院总支委员。1986年上海戏剧院导演系毕业，1987年加入中国共产党。主演的剧目有《胭脂》《人生》《魂断蓝桥》《云南春秋》《女御医》《芒果熟了》《情恋玉麒麟》《白云塔》《双玉奇缘》《东坡劝学》《海南东坡》等30多台剧目。曾获海南黎族苗族自治州专业文艺会演"优秀演员"奖、专业现代戏调演"演员一等奖"、海南省"腾龙杯"琼剧唱腔卡拉OK大赛二等奖，首届琼剧表演大赛三等奖、省"五个一工程"特别奖，中国戏曲电视剧展播活动三等奖、戏剧电视展播"飞天龙"三等奖，戏曲电视剧展播"组织奖"，1994年"凯华杯"全国歌戏双栖明显广播演唱表演大赛铜奖。被誉为"海南黎族第一小生""难得的台柱"。

民族管乐演奏家黄会基

黄会基，1961年出生，广东省保亭县加茂镇人，中共党员，民族管乐演奏家、国家二级演员、副研究馆员，系中国民族管弦学会会员，中国音乐学院校外音乐考级考官，海珠区文联副主席。曾任南方歌舞团独奏演员兼乐队队长，现为广州市海珠区文化馆馆长。

黄会基6岁开始跟随父亲学习吹唢呐和竹笛，8岁参加文艺宣传队八音队表演。1979年1月在保亭县琼剧团当演奏员，1981年调入广东省民族歌舞团（今南方歌舞团）师从著名民族管乐演奏家陈文仲先生，精通笛子、洞箫、唢呐、葫芦丝、巴乌、长笛、萨克斯、黎族乐器"唎咧""毕达"、树叶等30多种乐器演奏技艺。他创作并独奏的作品《椰林欢歌》《祖国处处是春天》先后获全国民族音乐大赛二等奖和全国少数民族会演金奖。撰写的论文《中国黎族乐器"哩咧"初探》《必须坚持文化馆的国办方向》获得2003年北京国际文化人才研讨会一等奖，他的业绩已被编入《中国少数民族名人录》。多次以独奏演员的身份随广东艺术代表团进京向党和国家领导人汇报演出，多次出访新加坡、印度、韩国、法国、西班牙、意大利、英国、毛里求斯、泰国以及中国香港、澳门等30多个国家和地区演出，获得社会各界人士广泛好评与赞誉。近年来，着力于少儿艺术教学，培养出了一批音乐新苗，在全国以及省、市各类艺术比赛中获得好成绩。他的代表作品有

◀ 黄会基

《相会在山栏园里》（“咧咧”“毕达”独奏曲）、《椰林深处》（“咧咧”独奏曲）、《五指山春早》（树叶独奏曲）。他演奏的黎族“咧咧”“毕达”堪称世界一绝，有强烈的时代感和鲜明的民族风格。

黎族原生态创作歌手符政高

符政高，广东省乐东县永明乡人，中学音乐教师、黎族民间著名的歌手，系海南省音乐家协会会员，中国社会音乐研究会会员。

黎族原生态创作歌手符政高

1965年符政高出生于乐东县永明乡，1986年毕业于广东省海南黎族苗族自治州通什师范专科学校（现琼州学院）英语系。自小就喜欢黎族民歌，在大学期间就经常利用寒暑假深入黎族村村寨寨对黎族原生态音乐进行调查，获得一批音乐比赛奖素材，并在此基础上进行整理创作一系列的音乐作品。多次参加省内外各类声乐比赛，曾获海南省第二届中小学音乐教师基本功大赛一等奖、音乐作品《喊山歌》获海南省2012年文艺汇演“群星奖”，《守山歌》获得2011年海南省少数民族文艺汇演一等奖和作曲二等奖。2012年海南省国际旅游岛黎族歌曲歌手大奖赛“梨园杯”一等奖。《颂海南》的录音专辑演唱的作品《哥吃槟榔妹送灰》《怨侬今日无时运》《黎歌》等。参加海南著名的歌舞剧《鹿回头》《达达瑟》录音，该两个剧目都荣获中国最高奖项“文华大奖”和“五个一工程奖”等奖项。2011年由其创建的《哈组合》并自己创作曲目、编配和声的《赶鸟歌》唱响中国大江南北，2011年代表海南省赴内蒙古鄂尔多斯参加“草原风、椰海韵”春节联欢晚会。2005年代表海南省参加广西“南宁国际民歌节”，获得最佳歌手奖。2006年9月到北京参加“第二届全国少数民族文艺汇演”获得贡献奖。近几年来一直活跃在省内外的舞台上。经过多年来对音乐的执着追求和舞台的实践，积累了丰富经验和演唱技巧，提高了自己音乐理论和教学能力。

参考文献

1. 吴永章著. 黎族史. 广州：广东人民出版社，1997

2. 王学萍主编. 中国黎族. 北京：民族出版社，2004

3. 王建成主编. 海南民族风情. 北京：民族出版社，2004

4. 吉明江主编. 黎家故事. 海口：海南出版社，2010

5. ［宋］范成大撰. 桂海虞衡志校注. 南宁：广西人民出版社，1986

6. 费孝通主编. 中国少数民族大辞典·黎族卷. 香港：（香港）当代文艺出版社，2005

7. 海南省民族宗教事务厅编. 海南省少数民族. 1998

8. 郝思德，黄万波编著. 三亚落笔峒遗址. 海口：南方出版社，1998

9. 王文华著. 黎族音乐史. 海口：南海出版公司，2001

10. 王晓东著. 文身习俗研究. 北京：中国社会科学出版社，2009

11. 符庆恩著. 黎族·美孚方言. 香港：（香港）银河出版社，2007

12. 琼州学院，海南民族研究基地合编. 中国黎学大观. 海口：海南出版社，2012

13. 王学萍主编. 黎族传统文化. 新华社，2001

14. 国家民委全国民族古籍整理研究办公室编. 中国少数民族古籍总目提要·黎族卷. 北京：中国百科全书出版社，2010

15. 中国民族博物馆，海南省民族博物馆合编. 中国黎族文物集集荟. 北京：民族出版社，2012

16. 吉明江主编. 东方黎族文化瑰宝. 海口：海南出版社，2013

17. 苏庆兴主编. 三亚黎族民歌. 上海：学林出版社，2011

18. 海南省非物质文化遗产研究会，五指山市文化馆合编. 黎族三月三节传统文化. 海口：海南出版社，2011

19. 中南民族学院编著. 海南岛黎族社会调查（上、下卷）. 南宁：广西民族出版社，1992

20. ［西汉］刘歆著. 山海经. 北京：燕山出版社，2001

21. ［德国］史图博著. 海南岛民族志. 中国科学院广东民族研究所编印，1964

后记

1988年9月我赴武汉中南民族学院攻读民族学专业，开始与民族文化结缘，1992年6月毕业分配到海南省民族博物馆，先后在修复保管部、考古征集部、办公室、馆长办公室等部门工作，主要从事业务与学术研究工作，长期在第一线对海南省少数民族文化、文物征集、博物馆学研究。特别是在黎族传统文化的调查与研究方面，承担多项国家级、省级黎族文化研究课题，积累了丰富的文字与影像资料，为撰写《走近中国少数民族丛书·黎族》打下了坚实的基础。

笔者在武汉中南民族大学攻读博士研究生期间，充分利用学校图书馆资源，查阅有关黎族传统文化资料，充实撰写材料，使本书撰写工作得以顺利进行。

在撰写此书过程中得到社会各界人士的鼎力支持与帮助。广大黎族父老乡亲在笔者采访与收集第一手资料时的支持、配合，海南省各黎族自治地区的领导、专家学者的支持，海南省民族博物馆陈梅菊女士对本书进行文字录入、图片处理、绘图等，在此一并致谢！

本书以民族学、民俗学、影像学的角度作为切入点，所用的图片，除了笔者拍摄外，还选用陈梅菊女士拍摄的65张，为本书增添不少艺术光彩。

由于笔者学识水平有限，时间仓促，书中难免存在缺点与不足，希望从事黎族传统文化研究的专家学者及广大读者批评指正。

罗文雄

2014年9月